中国家族办公室

The Research Report of Family Offices in China

研究报告

建信信托"中国家族办公室"课题组 著

社会科学文献出版社
SOCIAL SCIENCES ACADEMIC PRESS (CHINA)

序

改革开放30多年来，在多种经济成分共同发展的基本制度保障下，中国民营经济快速发展，为中国经济奇迹的创造做出了重大贡献。在这个过程中，作为民营经济主要构成部分的家族企业也取得了长足的发展，同时，产生了一批超高净值家族。

但如今，这些家族企业的创始人大部分即将进入退休阶段，众多家族企业面临着事业交接班困扰。其中，既包括后继无人的难题，也包括子女分权引致的企业分化的窘境。即便不论子女分权中由争产内耗所引致的企业经营损失和资产损失，分产的结果也常常引致一个完整的生产力单位（即企业）被各个子女分割后难以保持原有的整体竞争力。这不论对于民营经济发展还是对于中国经济发展来说，都不是一件如愿如意之事。

如何在保障现有财富整体性并实现稳健增值的基础上，将以家族企业为主体的家族财富以一种既有效又有益的方式传递给下一代？已成为中国民营经济进一步发展中面临的一个严重挑战，也是民营企业第一代创业者期待解决的财富管理目标。

解决因子女分产所引致的企业分化问题，英国最初推出了信托方式，形成了运用信托机制，既保全信托资产的完整性（从而维护生产力的完整性），又有效协调各方权益人的利益关系的运作方式。20世纪80年代初，在改革开放的背景下，中国的一些考察团对英国信托机制下的家族企业运作进行走访，为信托机制下的企业处于"无主"状态且长期经营良好所震撼，有人甚至认为，这是走向"社会所有制"（或"共有制"）的一条路径。

从运作角度看，经过200年左右的发展和完善，在境外发达国家和地区，作为专门为超高净值家族提供综合性、全方位财产管理和家族服务的专业机构——家族办公室业务模式已日趋成熟。这一模式，在健全成熟的信托制度下，不但逐渐形成了制度化的家族财富管理产业，而且为这些国家的家族企业传承和经济社会稳定发挥了积极重要的作用。

中国经济进入新常态，既面临诸多挑战又面对一系列调整。民营经济的稳定运行和持续发展，事关经济社会的稳定和可持续发展。因此，充分借鉴境外家族办公室的发展经验，根据中国国情予以改造完善，使之本土化，对于促进民营企业的转型升级和完善市场经济体系具有重要的意义。

　　建信信托"中国家族办公室"课题组在总结境外家族办公室发展经验的基础上，对中国家族办公室发展的市场环境及需求进行了深入的调研和分析，对家族办公室的职能、运作机制进行了系统的介绍和梳理，对国内外家族办公室发展现状及模式进行了深入系统的研究，探讨了中国家族办公室本土化的发展思路。

　　此书作为国内金融机构首次系统性阐述中国家族办公室发展现状、可行模式和未来趋势的开创性的研究成果，对中国家族办公室发展和实践进行了探索性思考，具有较强的专业深度和较宽的思维广度，值得一读。

　　相信本书的出版，不仅将为我国家族企业的转型升级和财富管理提供新的思路和视野，为我国有关金融机构的财富管理产品创新及业务拓展提供有益的参考，而且还将对中国家族办公室的发展起到重要的助力作用！

　　特推荐并以此为序！

中国社会科学院学部委员、金融研究所所长

王国刚

2016年12月1日

摘 要

《中国家族办公室研究报告》在总结境内外家族办公室发展现状、特点和趋势的基础上，主要对"什么是家族办公室、我国超高净值家族为什么需要家族办公室、如何创设家族办公室"等问题进行了深入的研究和系统的阐述。

《中国家族办公室研究报告》分为七部分。第一部分为走近家族办公室，对家族办公室的概念进行了界定。家族办公室通常主要聚焦于超高净值家族，本质上是对超高净值家族完整资产负债表进行全面管理和治理的机构，服务的项目涉及一个家族的日常财务、企业管理，也会涵盖遗产规划和资产管理等长期事务。超高净值家族建立家族办公室的常见诱因包括：解决家族矛盾、保证财富代代传承、整合资产、应对流动性的突然变化以及提高财富管理效率。家族办公室运营的核心准则是通过管理好家族的金融资本、文化资本、人力资本和社会资本等四大资本，处理好家族成员、企业股东、企业管理者之间的三重关系，合理安排与分配家族及家族企业的控制权、管理权、收益权，从而解决好家族治理与家族企业治理两个层面的治理问题，尽力实现家族财富永续传承、家族企业永续经营。

第二部分为家族办公室的境外经验，对全球家族办公室发展现状和各区域家族办公室发展特点进行了阐述。境外家族办公室的形式和种类日趋多样化，服务和功能日渐细化，并且几乎扩展到全世界各个地区。当然，由于文化、理念、政治和经济环境的差异，各地区家族办公室的发展特点也有很大差别。

第三部分为中国的超高净值家族为什么需要家族办公室。中国超高净值家族面临家族企业转型升级和家族企业从创一代向创二代传承的双重挑战，创设家族办公室还能够通过家族信托制度妥善解决企业转型升级过程中的传承问题，也是助推民营企业转型升级的有力工具。

第四部分为中国家族办公室服务的发展现状和监管问题。由于税收法律、商业模式、人才培养等层面存在的问题，信托公司和银行对家族办公室业务仍处于尝试和探索阶段，尚未建立完备的、系统性的家族办公室业务。对于信托公司来说，开展家族办公室业务，已经具备了诸多要件，其中持续稳定的客户来源、顺畅的信托公司内部协调机制、专业的内外部团队建设是最重要的条件。家族办公室事实上具有较高的准入门槛，在中国金融分业监管的背景下，对家族办公室业务的监管仍然存在较大的不确定性。

第五部分为中国家族办公室的策略选择。中国的家族办公室需要顶层设计。创设家族办公室需考虑的基本要素，不仅包括资产门槛与成本费用，而且包括股权设计、法律架构以及治理模式，同时还要根据超高净值家族的目标构建相应的风险管理模式。

第六部分为建信信托家族办公室业务的探索。建信信托充分利用建信信托在信托、投行方面的专业能力，依托建设银行的资源优势，已经初步搭建了家族办公室业务体系，并在家族信托和家族慈善等业务领域取得了较大进展和突破。

第七部分为中国家族办公室未来发展展望。预计未来10～20年，我国家族办公室服务将具有5万～10万亿元的市场规模，能够承载1000～1500家家族办公室的发展。但我国家族办公室服务的发展也面临政策环境和法律体系有待完善、超高净值家族缺乏财富传承规划观念、市场经验和人才还处于累积阶段等挑战。在充分吸收欧美及境外华人家族办公室经验的同时，结合中国的实际情况进行本土化改造，是中国家族办公室发展的必由之路。

家族办公室作为财富管理皇冠上的明珠，必将成为国内超高净值家族实现家族财富传承、家族企业基业长青的首选，对私人银行、信托公司等金融机构的财富管理业务转型升级具有重要的意义。中国的家族办公室将进入快速发展阶段。

Abstract

The report summarized the development, features and trends of family offices, and deeply analyzed and researched three topics: what the family office is, why high net worth families need family offices and how to develop family offices.

The report was divided into 7 parts. The first part briefly made an introduction to family offices. The family office mainly aims at the high net worth families, meanwhile providing systematic services for the management of family balance sheets, which covers financial investment, enterprise management, and estate planning and so on. The inducements of family offices usually come from several demands: dealing with family conflicts, wealth inheritance, asset restructuring, liquidity management, and efficiency improvement of family wealth management. The core standard of the operation of family offices relies on outstanding management of four capitals (financial capitals, cultural capitals, human resource capitals and social capitals), three relationships (among family members, shareholders of family enterprises and family enterprise managers) and three rights of family enterprises (control rights, management rights and usufruct). In that way, to better solve the problem of administration both on family and family enterprises, and finally to realize the sustainable transmission of family wealth and sustainable operation of family enterprises.

The second part focused on the overseas experience of family offices and introduced the status and development features of family offices in varied regions. Nowadays, the styles of family offices become much various and diverse, and they also start to provide more professional services in broader regions. Of course, limited by diversity of cultures, values, political systems and economic environments, the development of family offices shows different features.

The third part introduced the reasons why high net worth families expect to try family offices. At present, high net worth families in China have to face simultaneous challenges of family enterprises' reforming and the pressing requirement of family business succession. The establishment of family offices could solve these two problems effectively and efficiently.

The fourth part mainly involved the status and regulation problems of family offices in China. Limited by the taxation policy, business model and talent cultivation, trust companies and banks still remain at the stage of exploration without any systematic and complete framework. However, for trust companies, some requirements have been satisfied to develop the business, including sustained and steady audience, efficient internal coordination mechanism and professional teams. In fact, the admittance for the development of family office businesses is still strict, and some uncertainties remain in the background of strict financial supervision in China.

The fifth part provided some development strategies to establish family offices. Family office business in China needs top-down design. It is important to consider some fundamental elements:admittance, costs, legal structure, and management pattern. Sometimes, people also should pay attention to the risk management pattern based on the expectation of high net worth families.

The sixth part made a brief introduction of family office business of CCB Trust. Relying on the advantages in the fields of trust, investment bank and ample resources from the parent company, CCB Trust has established the preliminary business framework and reached a breakthrough in this area.

The last part drew a blueprint for family offices in the future. In coming 10-20 years, the market size of family office business in China may reach 5-10 trillion RMB with the capacity of 1,000 to 1,500 family offices. Nevertheless, family offices in China have to face a series of challenges including the unsound legal system, lack of consciousness of wealth planning by high net worth individuals, and deficient professional talents. It is a must for China to develop family offices based on the combination of it sactual situation and overseas experience.

As the pearl on the crown of wealth management, family office will surely become the top choice for high net worth families to realize the sustainable transmission of family wealth and sustainable operation of family enterprises. On the other hand, it will bring essential business opportunities for trust companies, private banks and other financial institutions. Family offices in China will step into the rapid development stage.

前 言

家族基业长青之道

家族办公室(Family Office)作为高端的家族财富管理模式,以家族资产的长期发展和财富代际传承为目标,通过组建专业的服务团队,为超高净值家族提供全方位的金融、投资、法律和家族事务管理等专业服务。

从"家族信托元年"到"家族办公室元年",中国式家族财富管理迎来了本土化进程的2.0版本。在目前阶段,对我国的超高净值家族来说,家族办公室是实现家族基业长青的必然选择;对商业银行来说,发展家族办公室业务,是私人银行定制化服务的必然趋势;对信托公司来说,开拓家族办公室业务,是家族信托业务发展升级的必然需要,而且对信托行业转型也具有非常重要的意义。

家族办公室是超高净值家族基业长青的最优选择

超高净值家族都希望基业长青。然而"创业容易守业难",自古以来,以家族企业为代表的财富世代传承存在较大的不确定性,子女争产、创业兄弟阋于墙、患难夫妻反目等各种矛盾,都影响着家族的命运。如何促成家族财富与事业的百年长青,成为各超高净值家族面临的挑战。

对我国的超高净值家族来说,过去30年和未来30年最大的不同在于:过去30年考验的是民营企业家创造财富的能力,而未来30年则是考验超高净值家族保全和传承财富的智慧。

根据相关调查报告估算，我国个人总资产超过5亿元的超高净值人士已达1.7万人。从财富量级来看，拥有5亿元及以上资产的人士平均年龄为51岁，20亿元及以上资产人士的平均年龄为53岁，60亿元及以上资产人士的平均年龄为58岁。[1] 从公开的资本市场数据来看，截至2015年末，A股持股市值亿元级别的自然人股东共有5024人，其中主板1268人，创业板1711人，中小板2045人；从行业板块来看，自然人股东持股市值过亿元的公司主要集中在机械设备、计算机、化工、医药生物、电气设备、电子等行业，其中机械设备行业人数最多，为632人。在所有A股上市公司中，家族控制企业占所有A股家数的三成，其中董事长为年龄在56岁以上的占三成。这意味着中国一半以上的第一代创业家需要在未来的十年里考虑企业接班和家族财富的分配问题。可以说，中国的民营家族企业正在经历一个近现代历史上罕见的大规模传承的特殊历史时期。

然而，家族企业传承并不容易。中国两千多年以前的先贤已提出"君子之泽，五世而斩"的观念，民间更有"富不过三代"的说法。从历史上看，家族财富传承不是朝夕之功，而是个"技术活"，需要一个非常精密的传承结构设计，往往需要十年或者更长时间的准备。正因为传承不容易，古今中外大量的家族企业往往一代而终。

按照美国布鲁克林家族企业学院的研究，70%的北美家族企业没有传到第二代，88%的家族企业没有传到第三代，只有3%的企业在第四代以后还在经营。相应地，欧洲大约有4%能够传承到第四代。[2] 对东南亚国家的研究揭示，华人家族企业在从第一代向第二代交棒时，其上市公司的市值在五年内平均缩水六成。

因此，步入守富、传富阶段之后，众多超高净值家族面临日益迫切的家族财富管理需求、家族财富继承需求、家族治理需求、家族企业持续经营需求和家族风险管理需求。而且相较于创富，如何让财富保值增值和传承，让家族基业长青，问题更为复杂、棘手。而家族办公室作为历经百年在西方已经比较成熟的家族财富管理模式，能够切实地站在委托家族的角度，扮演家族守门人的角色，以专业顾问的模式，从法律、财务、税务各个角度筹划家族事务，帮助委托家族进行财富保护、管理和家族企业传承。因此，家族办公室服务是正在进行代际交接、面临着严重的"代沟"问题的中国家族企业的真实需求和必然选择。

---

[1] 主要参考中国民生银行私人银行和胡润百富发布的《中国超高净值人群需求调研报告》。
[2] 北京大学光华管理学院：《向历史学习家族企业传承智慧》（光华师说）。

毫不夸张地说，这一波中国民营家族企业代际传承的成功与否和质量高低，将在很大程度上决定中国未来30年民营经济发展的好坏，进而对中国经济本身的转型升级产生重大影响。而金融机构顺应市场需求拓展家族办公室业务，既解决了我国超高净值家族的"痛点"，也将为中国民营经济的进一步发展做出应有的贡献。

家族办公室是私人银行定制化服务的必然趋势

经过多年的经营，我国商业银行的私人银行业务已经拥有丰富的客户资源，在庞大的个人业务及理财业务中隐藏着大量的超高净值家族客户。但目前我国商业银行的私人银行业务以千万元为标准，服务同质化，特色彰显不够，需要对客户进一步分层，以便提供更加精细化、定制化和尊享化的服务。

近年来，商业银行的私人银行业务开始呈现升级和优化的趋势。许多私人银行机构逐步摒弃单一的客户划分标准，转而采用多重细分标准，综合客户的个人背景与行为特征建立细分模型，根据客户的金融资产规模、需求、发展潜力等方面的差异，开展分层服务，量身定制组合化产品及服务方案。

可以说，我国私人银行即将进入注重规模效益与定制化创新相结合的发展阶段，需要在注重规模效益的同时，设计定制化产品和服务，调整业务流程和组织架构，保持和增强竞争力。同时，随着财富管理需求的变化以及私人银行业务的日渐成熟，超高净值家族客户也越来越倾向于由"亲力亲为"转为适度选择专业财富管理机构进行管理，即越来越多的私人银行客户愿意将核心资产交到私人银行手中，全权委托私人银行专业团队运作其资产，通过设计投资组合、管理资产等一系列规划，实现资产的保值增值。

然而，商业银行的传统私人银行业务已难以满足超高净值家族客户多样化的需求。例如，家族代际传承、慈善基金设立、子女财产分配等，都是传统私人银行业务无法覆盖的范畴。而家族办公室对客户的吸引力在于其独立性、控制力、高度个性化以及专业经验。国内商业银行凭借庞大的客户群体和丰富的产品资源，在家族办公室业务的开展上具有天然的优势。家族办公室提供的产品和服务远远多于一般意义上的私人银行产品，可以满足客户更加多元化的需求，这也是私人银行定制化服务的必然发展趋势。

家族办公室是家族信托业务发展的升级需要

家族信托是一套私人财富管理的解决方案。作为法律服务与金融服务的结合，家族信托充分利用了信托财产的独立性与信托独有的法律关系，能够为委托人实现资产的保值增值、资产的隔离与传承等，满足高净值客户日益增长的财产隔离保护、财富传承等一系列财富管理需求，如隔离家庭财产与企业财产、防范破产风险、减少继承纠纷等，从而真正助力超高净值家族客户的"创富、守富与传富"。

从2014年中国银监会发布的《关于信托公司风险监管的指导意见》中明确提出"推动信托公司业务转型，探索家族财富管理，为客户量身定制资产管理方案"以来，各大信托公司纷纷拓展家族信托业务。从"家族信托元年"到2016年，中国式家族信托迎来了本土化进程的第三个年头，以信托公司、私人银行为代表的各方财富管理市场主体抢滩家族信托这一市场，推出了"家族信托"与"全权委托"相结合的"双托"模式，满足了客户资产隔离和个性化投资的综合需求。家族信托在国内日益为超高净值家族所熟悉和接受。

尽管目前家族信托在财富管理市场上风起云涌，但在实践中，也存在制度掣肘、投资收益和税率不确定、股权和不动产信托难以落地等现实问题。同时，目前家族信托主要针对资产5000万元以下的客户，能够给顶端客户提供综合服务的机构寥寥，尤其是顶端客户对于财富管理与传承、企业治理、家族治理的刚性需求一直都存在，却没有得到很好的整合与服务。

因此，信托公司家族信托的业务升级势在必行。家族信托是家族办公室发挥家族财富管理功能的一个工具，通过信托法律架构进行投资管理从而实现资产的保值增值，而家族办公室主要聚焦于超高净值家族的资产管理、遗产规划、税务规划、法律财务、企业管理咨询等一站式的管家式服务。在本土化的进程中，家族办公室迎合了中国"创一代"向"富二代"交接家族管理接力棒的代际需求，也是财富管理市场各家机构必争之地。

家族办公室业务是信托公司财富管理业务转型升级的大方向，对信托行业转型回归本原业务具有非常重要的意义。未来信托公司可以借助专业化家族办公室团队，全力推进家族办公室业务稳步开展，为我国超高净值家族提供个性化、专业化、系统化的财富管理解决方案，全面解决超高净值家族面临的家族财富管理和传承困惑，构建家族办公室业务发展的完整生态系统。

展望未来，无论是中国金融业还是中国民营企业，都面临经济新常态下生产要素成本上升、创新动力后劲不足的严峻挑战。未来十年，中国经济发展之路上的风风雨雨，需要金融家和企业家贡献出非凡的智慧来共同面对。我们希望我国的家族办公室未来能够支持我国的超高净值家族走过风风雨雨，助力我国的家族企业走向更辉煌的明天！

Contents 目录

第一部分

走近家族办公室

家族办公室是什么？	003
为什么要建立家族办公室	005
家族办公室的主要服务和类型	009
家族办公室运作的核心准则	016

第二部分

家族办公室的全球经验

全球家族办公室发展现状	023
各区域家族办公室发展特点	026
全球家族办公室发展趋势	033
附录1　全球家族办公室案例分析	036

第三部分

中国超高净值家族为什么需要家族办公室

中国民营家族企业转型升级面临严峻挑战	063
家族办公室是中国超高净值家族财富管理和传承的必然选择	066
当前中国的超高净值家族最关切的主要问题	069
附录2　中国家族办公室服务需求和认知调研报告（2016）	075

第四部分

中国家族办公室服务的发展现状和监管问题

中国家族办公室的发展现状	113
信托公司开展家族办公室业务的基础和条件	116
中国家族办公室的准入与监管问题	118
附录3　中国家族办公室案例分析	121

第五部分

中国家族办公室的策略选择

创设家族办公室必须考虑的基本要素	127
单一家族办公室的架构设计	131
联合家族办公室的服务模式	133
家族办公室风险管理模式的构建	134
规划家族办公室的要点	135

第六部分

建信信托家族办公室业务探索

建信信托在财富管理领域的发展	139
建信信托在家族办公室业务方面的探索	141
建信信托家族办公室客户综合服务案例	145

第七部分

中国家族办公室未来发展展望

家族办公室在中国市场的需求空间	151
我国家族办公室服务发展面临的挑战	153
中国家族办公室未来发展展望	155
家族办公室的中国化	157

参考文献	159
后　记	161

第一部分

走近家族办公室
Understanding family offices

家族办公室是专门为超级富有的家庭提供全方位财富管理和家族服务,以使其资产的长期发展符合家族的预期和期望,并使其资产能够顺利地进行跨代传承和保值增值的机构。

家族办公室是什么？

■ **家族办公室的概念界定**

　　Family Office（简称FO）一般译为"家族办公室"或"家族理财室"，是指专门为超高净值家族提供综合性、全方位财富管理和家族服务的专业机构，通常汇集来自银行、信托、律师、注册会计师、投资经理、证券经纪、保险经纪、财务顾问等领域经验丰富的专业人才。美国家族办公室协会（Family Office Association）将家族办公室定义为专门为超级富有的家族提供全方位财富管理和家族服务，以使其资产的长期发展符合家族的预期和期望，并使其资产能够顺利地进行跨代传承和保值增值的机构。

　　家族办公室通常主要聚焦于超高净值家族，本质上是对超高净值家族完整资产负债表进行全面管理和治理的机构，服务的项目涉及一个家族的日常财务、企业管理，也会涵盖遗产规划和资产管理等长期事务。换句话说，超高净值家族需要的是一个家族账户的财务总管，将家族可能面对的投资、保险、法律、税务和慈善机构设立等事务都统筹起来。

　　区别于一般的私人银行业务，家族办公室所服务的家族往往财富量级更大，涉及的领域包括金融事务，也包括非金融事务，服务更多元更全面，对专业人才的要求也更高。可以说，家族办公室是家族财富管理的最高形态。

■ 家族办公室的起源与发展

家族办公室最早起源于古罗马时期的"Domus"（家族主管)以及中世纪时期的"Domo"（总管家）。现代意义上的家族办公室则是在19世纪的美国得以兴盛并蓬勃发展。19世纪中叶，第二次工业革命在北美爆发，极大地促进了生产力的提高，进而为美国实业家带来了巨额的财富积累。借助工业革命的东风完成原始资本积累的实业大亨，面对庞大的家族财富和广泛的商业和家族利益，迫切希望寻找一种切实可行的手段系统地对家族财富和利益进行保护和管理。基于此，现代意义上的家族办公室开始正式登上历史舞台。

1882年，洛克菲勒家族设立了世界上第一个真正意义上的家族办公室来管理自己的家族财富。约翰·洛克菲勒将积累的巨大的财富分为洛克菲勒家族基金、洛克菲勒大学和洛克菲勒捐赠基金。其中，洛克菲勒家族基金主要保障家族财富的积累与传承，而洛克菲勒大学和洛克菲勒捐赠基金的设立则主要是以公益和慈善为目的。目前，洛克菲勒大学在医疗研究领域享有与哈佛大学并列的盛名，并囊括多个诺贝尔奖，而洛克菲勒捐赠基金每年在全球至少捐赠几亿美元，用于以人文、医疗和教育为主的慈善事业。通过家族基金的资产传承，虽然再也没有出现过约翰·洛克菲勒一样的商业巨子，但洛克菲勒家族仍然在美国的政治、经济、文化、慈善等领域保持着巨大的影响力。

发源于欧洲的罗斯柴尔德家族，依靠家族办公室的全面规划，在地域上多样化自己的商业配置，并将资产配置在世界各地的金融工具中，从而有效规避各种风险。如今，罗斯柴尔德家族在全球金融领域仍拥有巨大的影响力。

可以说，西方世界包括洛克菲勒家族、罗斯柴尔德家族在内的诸多大家族，虽然家族后代可能已经不在家族企业经营的范围内活动，却能始终享受前人福泽的庇佑，使家族基业能够传承百年，家族办公室在其中发挥了不可取代的作用。

而美国新生代的知名人士中，创业家戴尔、篮球名将乔丹等也聘用家族办公室帮助其管理财富。从1998年的4亿美元起步发展到如今管理资产超过130亿美元的戴尔家族办公室，成为投资型家族办公室的典范。2013年，正是戴尔家族办公室帮助戴尔寻找资金和交易伙伴，收购公司的流通股份，完成了戴尔公司的私有化。虽然戴尔公司已经风光不再，但戴尔家族办公室的经营十分成功。

为什么要建立家族办公室

建立家族办公室的理由很多，无论是与第三方家族办公室合作，还是成立自己的家族办公室。常见诱因包括：解决家族矛盾、保证财富代代传承、整合资产、应对流动性的突然变化以及提高财富管理效率。其中最重要的是满足家族财富、企业、精神传承的个性化需求。

■ **家族财富保护与传承的需要**

家族财富的保护、管理和传承是超高净值家族成立家族办公室的首要动机。促进财富的代际传承以及减少家族内部纠纷，无论是在法律、税务、财富管理方面，抑或在家族传承及家族成员的私人事务方面，家族办公室都可以起到不可小觑的作用。通过深入了解家族成员、家族以及家族企业不同层次的需求后，家族办公室将这些需求归类、划分、整合，通过科学严密的规划后以最优形式满足服务对象的需求，可以确保超高净值家族的财富持续成功传承，其有形和无形资产可以顺利传至"N"代。

其中，"保护"是其基本目标，包括通过制度安排与机制设计，保护家族、家族企业以及家族成员的人身及财富的安全性与完整性；"管理"是其核心目标，包括通过专业化的管理、治理及资本运作路径，对家族成员、家族以及家族企业的事务及财富进行合理规划、有效整合，促进家族事业的繁荣发展；"传承"是其最终目标，包括通过法律筹划、税务筹划以及财富管理，确保家族成员、家族及家族企业的事务及财富能实现规划和控制下安全、顺畅、有效的传承。

因此，超高净值家族为了财富的保护和传承，需要一个专注于客户个性化综合需求的家族总管，将家族可能面对的投资、保险、法律、税务和慈善机构设立等事务全部统筹起来，即要求整体性、连续性以及对多目标的平衡，这正是家族办公室的优势所在。

■ **家族企业传承的需要**

超高净值家族的财富大都来源于家族企业,随着家族企业创始人的逐渐衰老,如何为家族财富制订长远且合理的继承计划,避免家族内部纠纷,实现家族企业的永续经营,是家族企业创始人需要考虑的重要问题。

研究显示,大致只有30%的家族企业可以传承至第二代。到了第三代,这一比例更下滑至只有10%。[1] 如此低成功率的家族继承,其原因大多可归结为创一代对家族企业的后代继承缺乏规划。

欧美很多家族企业经历了人类史上最动荡的一个世纪而仍然基业稳固,这往往与其接班人选、子女继承、创新能力几个方面有密切关系。欧洲家族企业在"接班人"不适合接班时,或者建立由顶尖商界人士、行业专家组成的家族办公室专业团队来协理接班人治理,或者放权给职业经理人、基金会来管理企业。纵观欧美日传承数代的家族企业,可以看出在家业传承中,企业利益永远被放在首位。接班子女只有具备足够的继承发扬家业的能力才能接棒企业的所有权与管理权,否则就会由家族办公室的专业团队选择职业经理人接管以保持企业永续经营。

因此,家族办公室作为为超高净值家族提供全方位财富管理和家族事务服务的机构,其中很重要的目标是使家族企业得到长期发展,以满足家族企业在这些不同发展阶段上的需求,最终顺利地实现永续经营。

■ **实现家族精神永续的需要**

除了家族财富和家族企业的传承,超高净值家族成立家族办公室,亦会注重非物质财富的传承,即家族价值观和文化的传承,以实现家族精神的永续。

家族传承不仅仅是财富传承,更重要的是家族文化及家族价值观的传承。一个家族的成功传承并不仅仅是把金钱留给下一代,而且是事业、价值观的一并传承,令家族的年轻一代建立对家族的忠诚和归属感,懂得为家族承担责任、做牺牲,同时也感受到家族的关爱和支持。长远来看,这才是使一个名门望族经久不衰的重要基石。

因此,家族财富传承的核心在于"传"与"承"。传什么?传家族文化及家族价值观。承

---

[1] 北京大学光华管理学院:《向历史学习家族企业传承智慧》(光华师说)。

什么？承接责任，为家族承担责任、牺牲奉献。因此，家族传承不仅是血缘的承接、财富的承接，而且是责任、精神、文化和价值观的传递。这个传递是一个长期的过程，也是一个演化的过程。

家族企业与家族财富无论怎样传承，只有下一代能够更加健康地成长，能够承担更多的责任，家族企业才能基业长青。而家族办公室在其中所能够扮演的角色，则是提供一个让家族的老一代与新一代凝聚起来的平台，让家族的后辈能够站在这个平台上传承家族的责任与精神。

■ **全方位定制化服务的便利**

家族办公室最明显的一个优势，是提供全方位的高度定制化服务。这样避免了家族成员为了自己的多样化需求逐一寻找服务供应商而造成的麻烦，帮助家族极大地节省时间成本和人力成本，使得家族可以将一些自己缺乏经验和专业知识的事务交由家族办公室打理，将精力集中到经营家族企业上。

与私人银行等需要面对庞大客户群体的服务供应商不同，家族办公室只向特定的家族提供服务并收取费用，其追求的是与家族客户建立长久而互信的服务关系，可以保证财务顾问与家族间的利益能够充分地协调一致。而在非家族办公室结构中，多个顾问将服务于多个不同的家族客户，是否能保持利益的一致存在不确定性，甚至有些机构为了追求短期内的业绩目标，而选择牺牲客户的利益。

同时，家族办公室为家族提供的是针对整个家族的全方位、集中化的管理与服务。家族成员可以在家族办公室清楚地了解到整个家族的财务、税务和治理等情况，而不会再像之前那样只能从每个专业顾问那里得到零散和片面的信息，便于家族成员对家族的整体财富甚至各种事务形成全面的认识。由于家族办公室的服务是建立在对家族需求的深入了解之上的，这使得它们提供的每一项服务与外界相比都更具针对性，能够提供高度整合化的解决方案。同时，透过资产管理、股权投资活动的集中化和专业化，家族办公室更有可能为**其投资决策实现更高的回报或更低的风险**。家族办公室还可以帮助家族企业开展资本运作（如企业并购、上市），这可能有助于最大限度地提高所有家族成员的投资回报。

家族办公室解决的问题见图1-1。

- 解决因家族成员众多、关系不易协调、成员利益不一致而产生的家族纠纷问题

- 协调家族权益重构，实现家族管理权、控制权、收益权的和谐与统一

- 解决家族形象缺失、家族形象负面等问题，树立家族品牌，提升家族凝聚力和认同感

- 解决由于缺失家族发展的中短期目标而造成的投资非理性、大类资产配置不合理、家族财富与社会形象不匹配等问题

家族社会形象管理 · **家族治理** · **家族目标规划** · **资产隔离及保护** · **家族企业投行服务** · **财富管理及传承**

家族办公室解决的问题

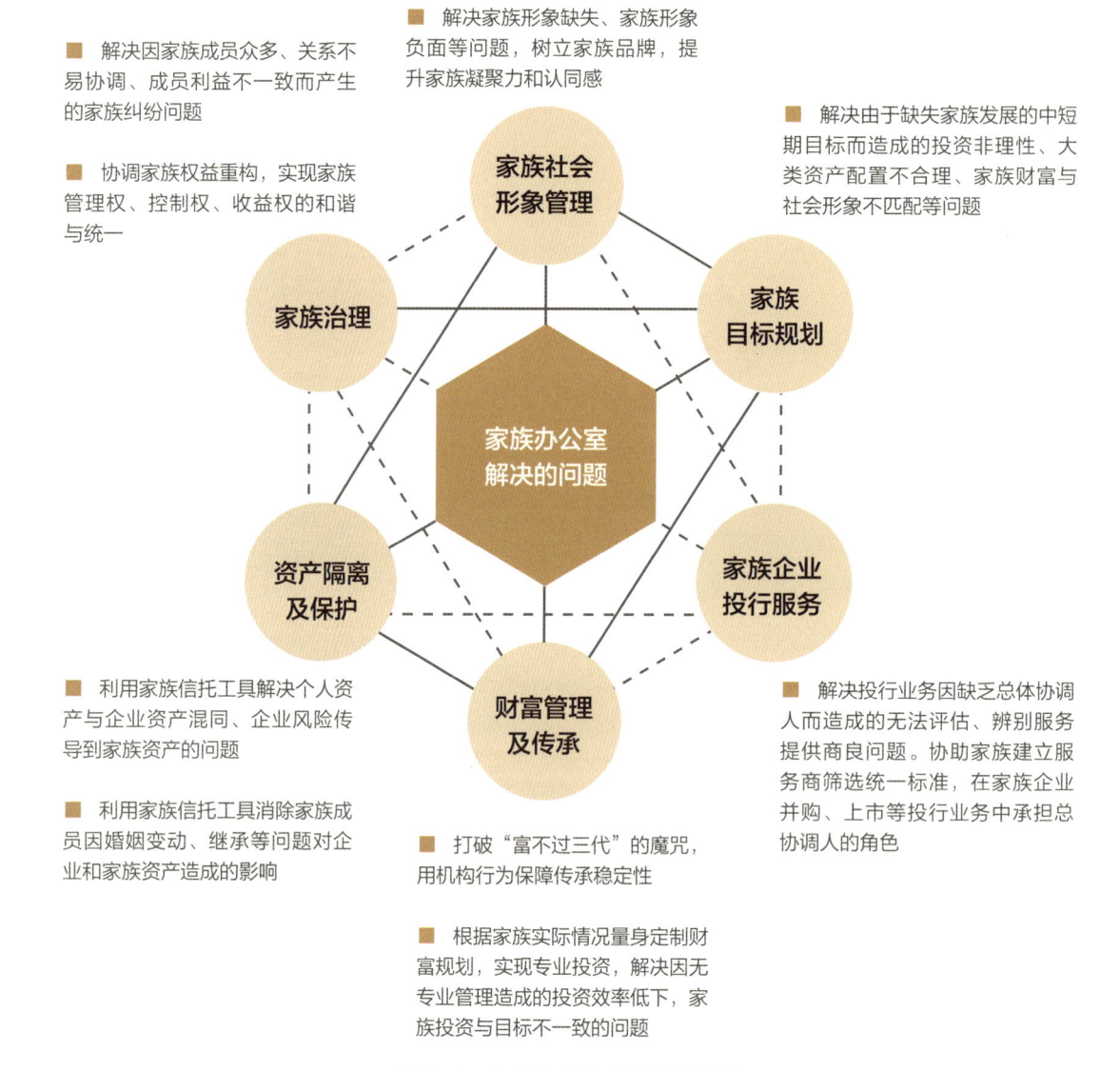

- 利用家族信托工具解决个人资产与企业资产混同、企业风险传导到家族资产的问题

- 利用家族信托工具消除家族成员因婚姻变动、继承等问题对企业和家族资产造成的影响

- 打破"富不过三代"的魔咒，用机构行为保障传承稳定性

- 根据家族实际情况量身定制财富规划，实现专业投资，解决因无专业管理造成的投资效率低下，家族投资与目标不一致的问题

- 解决投行业务因缺乏总体协调人而造成的无法评估、辨别服务提供商良莠问题。协助家族建立服务商筛选统一标准，在家族企业并购、上市等投行业务中承担总协调人的角色

图1-1 家族办公室解决的问题

资料来源：建信信托研究部。

家族办公室的主要服务和类型

家族办公室一直致力于为超高净值家族提供专业的定制化服务。随着超高净值家族需求日益多元化、复杂化，家族办公室的业务范围也变得越来越广泛。

一般而言，家族办公室的服务内容除了涵盖家族信托、税务筹划、资产管理等财富管理的范畴以及家族企业管理、上市咨询、法律服务等定制化服务内容外，后代教育、遗产规划、慈善基金等管家式服务也是家族办公室的重要组成部分。

■ **家族办公室的服务类型**

家族办公室提供的是包括投资、风险管理、法律、税务、家族治理、家族教育、传承规划、慈善管理、艺术品收藏、安保管理、娱乐旅行、全球物业管理、管家服务等在内的全能服务。综合来看，这些家族办公室可能提供的所有服务，可以分为四大类。即家族财富管理与传承服务、家族治理（事务管理）服务、家族企业持续经营服务、家族风险管理服务（见图1-2）。

健康风险与保险规划服务 法律风险管理 投资风险管理 税务风险管理	**家族风险管理服务**	**家族财富管理与传承服务**	信托服务 税务筹划 家族财务咨询
家族企业章程起草与修订服务 家族PE及产业基金 家族企业并购上市 家族企业管理层激励	**家族企业持续经营服务**	**家族治理（事务管理）服务**	家族宪法制定与修改服务 遗嘱服务 婚前协议职务 家族成员内部赠与服务 教育医疗服务 家族形象与慈善管理服务

图1-2 家族办公室的服务类型

资料来源：建信信托研究部。

1. 家族财富管理与传承服务

家族财富管理与传承项下一般包含以下服务内容。

（1）家族信托服务。当家族成员开始增多的时候，考虑到家族企业的控制权，需要逐步建立"不是所有的家族成员都应该获得股权"的规则。对于未能获得家族企业股权份额的家族成员，如儿媳妇、侄儿之类的非核心成员，赋予信托受益权，并且对信托收益的分配附上特定的条件，以及向家族成员发放定额的教育基金、健康保障基金，有助于保障所有的家族成员都能过上体面的生活，同时也可以避免奢侈消费和养成不良习惯。家族办公室可以将客户资产、现金、流通证券、境外不动产等通过法律设计进行结构化保护，方式包含私人信托公司（PTC）、单位信托（VPUT）、标的信托和离岸基金、离岸（境外）信托等结构设计，实现节税、私密且资金仅受客户控制的功能。

（2）家族财务咨询。家族办公室会提供客户财务咨询；通过在岸及离岸基金、单位信托等方式，将客户的个人资产与公司资产逐渐隔离分置并进行保护，通过法律方式防止家族企业的控制权旁落，并解决资产的继承和收益分配问题。

（3）税务筹划。由于超高净值家族的国际化程度越来越高，家族成员及家族资产可能分散在世界各地，因此通过跨境会计税务规划，家族办公室能够协助处理包括家族成员的个人所得税、家族企业的所得税乃至各种不动产及动产相关税务和继承、赠与等税赋相关事务，协助大宗资产客户通过大额保单（UL）等方式享受税赋减免。

传统的税务服务主要针对企业客户，而市场上份额不多的个人所得税服务，也往往与投资相关。在家族办公室层面，既需要关注投资层面即资产管理方面的税务问题，也要关注将投资收益分配到家族成员层面的税务问题，因此，需要不同于现在市场上常见的税务服务。而家族办公室的功能之一，就是寻找并协助税务顾问为家族提供两个层面（即投资层面+家族成员分配层面）的税务服务，做好长期的税务筹划。

2. 家族治理（事务管理）服务

家族治理（事务管理）项下的服务内容比较宽泛，大到家族宪法的制定、家族基金的设立等，小到家族子女教育也可以包括进来。

家族治理服务主要是指为家族提供家族决策过程的正式或非正式的规则和制度。家族治理的作用主要包括：团结家族成员、明确家族成员的权利义务、壮大及延续家族事业、家族关系图谱的动态管理、家族成员关系管理、家族成员教育与培训。

（1）家族宪法制定与修改服务。家族宪法是治家传业的根本规则，对家族成员权责进行基本界定。家族宪法是明确家族和企业之间关系的一系列文件，通过白纸黑字的方法把家族成员、股东、董事会和管理层这四个主体的角色定位、权利义务和行为规范化，以确保家族能够成为一个像公司或者宗教团体一样的正式组织，确保其永续经营。每个家族可能都有一定的规矩，这些规矩往往出自创业的第一代家族成员。但是随着家族成员逐步进入第二代、第三代，因为婚嫁关系新成员不断融入家族，往往需要进一步将家族的规则（如家族企业人才聘用规则、家族信托激励与惩罚规则、教育基金支取规则等）透明化、成文化，以便让所有的家族成员，包括潜在的未来家族新成员，都能够遵从。同时，在家族成员之间发生争议时，可以利用家族宪法而不是用亲情说教来调停。

当然，随着家族资产、家族成员以及时代的变化，家族宪法也需要进一步更新。

（2）婚前协议服务。婚姻幸福是每个家长的美好愿望，但如果因为婚姻的破裂而形成家族财富的流失，则会雪上加霜。因此，为未婚的家族成员在结婚之前提供一份高质量的婚前协议，也是家族办公室在协助进行"家族治理"的核心功能之一。高质量的婚前协议，主要目标是防止家族核心资产因为离婚而发生流失，影响家族企业的控制权。同时，高质量的婚前协议，也需要平衡婚姻双方的利益，需要保护未来出生于该婚姻的未成年子女的利益，否则很难让新人签署婚前协议。

（3）家族成员内部赠与服务。家族成员的财富传承，并不限于继承，也并不限于通过家族信托来进行分配。更为常见的一种财富传承模式是赠与——简单的赠与，如婚前为子女提供一套体面的婚房，更负责的还有为家族成员个人事业的发展提供一笔启动资金。当家族成员众多之时，需要平衡个人或者小家庭的利益与家族利益之间潜在的冲突，避免因为资助了某个家族成员而引起其他家族成员的不满。因此，需要制定特定的赠与规则，特别是在资助创业投资的情况下，需要在赠与协议中明确其个人的利益与未来归属于家族的潜在利益。

（4）遗嘱服务。家族办公室往往会"敦促""引导"家族核心成员预先订立一份成熟的遗嘱。制定遗嘱的主要目的，一是避免财富发散型的法定继承引发的家族企业控制权的分散；二是明确家族核心资产始终在可控的范围内传承。提前制定一份高质量的遗嘱需要考虑的因素很多，如继承人的身份、国籍、年龄。此外，因为提前制定遗嘱，遗嘱制定时间与遗嘱生效时间之间可能存在很长的时间差，其间可能发生诸多的不确定性事项，遗嘱中应当尽量考虑此类不确定性。因此，家族办公室需要通过引导为家族核心成员提供高质量的遗嘱服务。

（5）教育医疗服务。企业家普遍希望后代能够把家族企业发扬光大，传承和积累更多的家族财富，但并非每个企业家子女都对家族企业感兴趣。也因为这样，很多企业家为孩子考虑而采取了设立家族信托的方式，不直接把财产分配给继承人，而是委托给信托基金受托人来管理，保障继承人可以生活无忧。家族基金一般有家族教育基金、家族慈善基金、家族成员保障基金等各种类型。在设计家族基金契约时可以依据父母对子女的期望来设定拨付财产的条件，如所发款项只够维持子女过中产生活，或只能用于医疗、教育等支出，让子女不会因继承巨款而出现价值观偏差。

（6）家族形象与慈善管理服务。家族形象需要通过持续的行为来塑造，既要有持续性的慈善活动来提高企业的正面形象，也要在发生特定的事项（如重大事故、污染等）时通过提供公关服务提高企业的正面形象。家族办公室的慈善管理服务，就是为家族和家族企业提供塑造家族形象与家族慈善工作的服务。

3. 家族企业持续经营服务

家族企业持续经营项下服务内容如下。

（1）家族企业章程起草与修订服务。普通公司的章程，主要是规范股东之间的权利义务及股东会与董事会之间的管理权分配问题。普通公司主要规范的是非亲属关系股东、董事之间的关系。但是家族企业具有一些显著的特点：①家族对企业控制权的需求；②从正常角度防范由继承、婚姻破裂而导致的对控制权的调整；③需要考虑因为继承而产生未成年股东的问题。而在家族办公室的法律服务中，很重要的一项就是从家族企业控制权及财富传承的角度去完善公司的章程，确保家族宪法、遗嘱等文件中的相应条款，能从家族企业的章程中获得支持，确保家族对企业的控制权。

（2）家族企业管理层激励。管理层激励在当代的科技企业中常见，在上市公司中也常见。但是在第一代创始人所控制的家族企业中较为罕见。但是到了第二代、第三代的家族企业，随着企业规模及家族总资产规模的扩大，完全由家族成员掌控家族企业显然是不现实的，在很多情况下家族成员的能力、资质也难以胜任全部管理层的岗位。因此，需要逐步建立管理层持股激励机制，在控制家族企业的同时实现与管理层的共赢。

管理层激励机制不仅仅在家族企业层面，而且在家族办公室所管理的其他资产层面，也有适用的空间。充分的法律保障而不是口头承诺或者年终任意性较大的红包习俗来规范管理层的机制，才能实现家族资产管理的长期稳定。

（3）家族企业规划及管理咨询。在家族还有传统的主业的情形下，家族办公室利用自己的专业知识与市场信息，为超高净值的家族企业提供企业规划及管理咨询服务。

（4）家族企业并购上市。家族办公室为家族企业的永续经营提供并购、投融资与资本市场上的业务服务；或者发生商事争议之时的诉讼与仲裁服务。

（5）家族PE及产业基金。超高净值家族可以专门设立投资母基金。母基金投资方式的最大优势，在于在家族办公室或者家族成员没有精力、能力去选择直接投资的项目之时，以母基金的模式投资于其他明星基金管理人所管理的投资基金，从而获得投资收益。母基金的设立，是家族投资产业多元化的谨慎模式。设立家族投资母基金之时，需要家族办公室对母基金的设立区域选择、投资规则等方面提供服务，对于拟投向的目标基金往往也需要做尽职调查。

4. 家族风险管理服务

超高净值家族在其发展和传承中，面临着各种各样已知和未知的风险。如果家族不注重风险管理，一些看似不起眼的风险，也有可能对家族传承造成毁灭性打击。

家族风险管理项下服务内容通常包括：健康风险与保险规划服务、法律风险管理、投资风险管理和税务风险管理。家族财富管理与传承中常见的风险，一是法律风险。因为家族财富管理和家族企业经营其他风险最终都会通过法律风险的形式表现出来，所以家族财富得到顺利传承的关键是对其法律风险进行及时和适当的管理。二是婚姻变动风险，婚姻变动风险是指家族财富所有者及其继承人，因与他人缔结婚姻关系或者与配偶离异，致使夫妻共同财产被分割，从而导致财富受损的风险。三是企业与家庭财产混同风险，当企业主（包括股东身份）在全身心地投入企业的经营管理时，往往忽略一个重要问题，那就是家庭财富与企业经营之间需要设立一道防火墙，否则，很有可能会导致企业牵连家庭，最后连最基本的家庭财富都失去保障。此外，财富传承带来的税务风险、高净值人士自身的健康风险等也不容忽视。

针对超高净值家族的财富传承需求，家族办公室需要充分揭示其复杂的财富传承关系及可能出现的风险，为其提供多角度、全方位的综合服务解决方案。

家族办公室的分类

根据服务家族的数量,家族办公室通常可分为单一家族办公室、联合家族办公室和功能型家族办公室。根据内部专业人士与第三方供应商的比例以及家族直接参与的程度,又可以进一步将这三类划分为内置型家族办公室和外设型家族办公室。其中,单一家族办公室属于典型的内置型办公室,而联合家族办公室和功能型家族办公室属于外设型办公室。

1. 按服务家族的数量分类

(1)单一家族办公室

单一家族办公室是标准化的家族办公室,专注于一个超高净值家族的投资、财富传承及私人事务等方面的需求。单一家族办公室可以由拥有巨大财富的家族自己创设,并由家族成员在其中担任重要的职位,其可享有的主要利益是定制化的单一家族办公室服务。除了专注于与资产有关的事务之外,单一家族办公室的服务还涵盖包括家族内部关系的处理、家族慈善事业规划等方面的事务,因此,它是一个服务内容相对全面的服务平台。

由于该种类型的家族办公室只专注服务于某一个家族,具有高度定制化的特征,因此它的形态在全球范围内呈现多样化的特征。有些单一家族办公室的组织结构十分精简,主要为家族提供财富管理方面的服务;有些单一家族办公室的规模十分庞大,提供的服务也十分全面。考虑到一个单独实体的正常运营费用,单一家族办公室通常适用于可供管理金融资产金额较高的家族。除此之外,对家族隐私性要求较高的家族也会选择设立这种类型的家族办公室。

(2)联合家族办公室

联合家族办公室又被称为多家族办公室,它的服务对象不仅限于某一家族。联合家族办公室由多个家族共同创立或所有,且只为这些家族服务。联合家族办公室通常由单一家族办公室接纳其他家族客户转变而来。由于联合家族办公室可以共享人力资源和投资机会,平摊运营成本和服务成本,因此对家族可供管理金融资产的金额要求比单一家族办公室低。为便于管理运营和避免利益冲突,联合家族办公室内家族的价值理念和投资理念通常都十分相近。

(3)功能型家族办公室

功能型家族办公室又被称为虚拟家族办公室。由于单一家族办公室和联合家族办公室的运营成本都过于高昂,一些中级富裕家族(金融资产一般在 1000 万美元到 3000 万美元之间)难以享受家族办公室服务,而他们对家族办公室产品和服务的需求与资产在一亿美元以上的超高净值的客户相比,并无太大差别。因此,家族财富未达到家族办公室最低门槛但又需要相应服务的，功能型家族办公室就被建立起来，起到单一家族办公室或联合家族办公室的作用。

功能型家族办公室在名义上并不采用家族办公室的字眼，但在实际运作中通过组建各个虚拟团队，将会计师、审计师、投资分析师、律师等集中到以IT系统为基础的虚拟工作平台，可以为全球各个地方的中级富裕家族提供服务，而不用构建类似洛克菲勒那样的豪华家族办公室。功能型家族办公室根据家族的具体需求，将服务的具体内容外包给专业的第三方服务供应商，从而在降低服务成本的同时，发挥、承担着家族办公室的各项职能，包括提供家族金融、税收、法律、投资等各方面的服务，以及制定适宜的风险管理策略等，实现家族利益最大化。

2. 按家族参与管理的程度分类

根据内部专业人士与第三方供应商的比例以及家族直接参与管理的程度，可以将家族办公室分为内置型家族办公室和外设型家族办公室。

（1）内置型家族办公室

内置型家族办公室往往出现在家族办公室发展的早期，其表现形式通常是，在集团、控股公司或旗舰企业中设置战略投资部或战略发展部等，或者在集团之下设立投资公司，除了承担企业内部的职能外，还进行家族金融资本、社会资本、人力资本及家族事务的管理。有些内置型家族办公室甚至并不是一个成形的机构，而是由深受企业家信赖的首席财务官或财务团队、家族二代等分担部分职能的非正式组织。

内置型家族办公室的优点在于，在管理家族事务的早期，以该种形式存在的家族办公室的运营成本可分摊在企业之中，对于可投资资产规模不大的家族未尝不是一个好的选择。

（2）外设型家族办公室

外设型家族办公室通常以独立于企业的法人实体存在，如有限公司、有限合伙企业、家族信托或家族基金会等，其主要管理家族在实业之外的投资，看起来更像一家基金公司或对冲基金，帮助家族分散投资，实现家族财富的保值增值。外设型家族办公室可以与家族企业有一定的业务或经济往来，但很少介入企业经营。

家族办公室运作的核心准则

为达到家族财富增值、家族事务管理和家族企业永续经营的长远目的，基于对家族和家族企业的了解，家族办公室兼具"家族财富管理"和"家族管家"的功能，通过管理好家族的金融资本、文化资本、人力资本和社会资本等四大资本，处理好家族成员、企业股东、企业管理者之间的三重关系，合理安排与分配家族及家族企业的控制权、管理权、收益权，从而解决好家族治理与家族企业治理两个层面的治理问题，尽力实现家族财富永续传承、家族企业永续经营。所有这些层面的要求与目标，都应该被视为家族办公室运营的核心准则。

■ 管理四大资本

一个家族所拥有的财富，按照是否能够独立于家族而存在和是否存在于家族内部，可以不重不漏地分为四大资本，即金融资本、文化资本、人力资本和社会资本。

1. 金融资本

金融资本，是指独立存在于家族之外的、可以为家族带来财务贡献的资源。财务贡献既包括家族企业、有价证券、股权投资等为家族带来的直接经济收益，也包括信托、保险、避税设计等提供的保有家族财富、实现财务稳定的间接收益。金融资本是四大资本中最容易量化的部分，其作用也是最显而易见的，家族能否持续地保有其金融资本并实现增值，直接决定了其对内能为家族成员的发展提供多大程度的支持，对外能为整个社会的发展贡献多少资源和产生多少影响。

家族办公室从整体上进行家族财富的集中化管理，将分布于多家银行、证券公司、保险公司、信托公司的家族金融资产汇集到一张家族财务报表中，通过遴选及监督投资经理，实行有效的投资绩效考核，实现家族金融资产的优化配置。同时，家族财务的风险管理、税务筹划、信贷管理、外汇管理等日常需求也是家族办公室处理的内容。

2. 文化资本

文化资本，是指产生于家族内部且无法脱离家族而单独存在的、能够协调家族成员之间关系的资源。文化资本是家族作为一个整体特有的资源，它在协调成员关系、凝聚家族力量上具有不可忽视的作用。因为，家族传承不仅仅是财富传承，而且更重要的是家族文化及家族价值观等文化资本的传承。一个家族的成功传承并不仅仅是把钱留给下一代，而且是事业、价值观的一并传承。

家族办公室承担了守护家族文化资本的职能，不但包括家族宪法、家族大会等重要的家族治理工作和家族旅行与仪式（婚丧嫁娶等）的组织筹办，而且包括档案管理、礼宾服务、管家服务、安保服务等家族日常事务。简而言之，家族办公室承担了守护家族文化资本，让家族不再是简单的家族成员的集合，而是通过家族成员之间的融洽关系真正实现1+1＞2的效果。

3. 人力资本

人力资本，是指处于家族内部的、可独立存在的、由个人所掌握的、可以为家族创造价值的资源。家族是由一个个家族成员及其外围参与者共同构建起来的，家族的一切都是由家族成员带来并建立的，因此，人力资本是家族所有其他财富的基础，也是家族持续兴盛的关键。在人力资本这个大的分类之下，家族财富又可以细分为家族成员、家族成员的社会关系、信托的受托人与保护人、家族的顾问与导师以及家族办公室等。

下一代培养和传承规划是家族办公室工作的重点。下一代家族成员的正式大学教育、实习和工作需要进行系统规划，并结合战略目标、家族结构、产业特征、地域布局等因素进行具有前瞻性的传承设计。家族办公室要强化家族的人力资本，通过对不同年龄段家族成员的持续教育提升其能力与素质。

4. 社会资本

社会资本，是指依附于家族存在但作用于家族之外的、由家族与社会的关联——社会网络、互惠性规范和由此产生的信任所带来的、能够协调家族与外部社会关系的资源。社会资本依托家族的金融资本、文化资本、人力资本，是家族综合运用这些资源在家族外部所能够产生的潜在影响。构成这一影响的因素包括家族信用、家族声誉、家族社会关系、家族影响力等。

家族办公室要负责对家族慈善资金进行规划和对慈善活动进行管理，确保家族社交活动及家族声誉等社会资本的保值增值，以及对重要的关系网络进行持续的经营和系统的管理。

家族办公室的主要功能是治理及管理家族的四大资本。因为一个家族完整的"资本"不但包含其狭义资本（即金融资本），而且包含其广义资本（即文化资本、人力资本和社会资本），见图1-3。尤其不能忽略广义资本，因为它们才是金融资本昌盛的源泉。

图1-3 家族资本示意

在家族四大资本的界定框架下，家族办公室可以对家族所拥有的全部财富有一个全方位的认识，进而在充分了解家族状况的基础之上合理运用不同的工具，来实现家族财富的保护、管理与传承。

■ 制定三层规划

三层规划指的是家族办公室针对家族成员、家族、家族企业三个层面进行的规划。其核心目标是解决个人中心主义、家族中心主义和家族企业中心主义之间的冲突，让各种资源在三者之间进行合理配置。具体来说，三层规划的内容是使用法律、税收筹划和财富管理等手段对家族成员、家族、家族企业的价值观、愿景、战略、财富管理和治理等进行同步规划。

1. 家族规划

家族和家族企业相互联系、相互作用、相互影响。从一个方面来说，家族的和谐与发展促进了企业的发展与成功。家族和睦，那么就为家族企业持续发展打下了牢固的基础；如果家族内部矛盾冲突不断，整个家族好像一盘散沙，那么家族企业的发展也必定受阻。因此，对家族的发展进行规划是十分重要的。

一般来说，伴随着家族企业的成长，家族的规模也在不断扩张，同时成员的异质性也越来越强，并且每个成员在家族和家族企业发展中所扮演的角色也不尽相同。有些家族成员直接参与家族企业和整个家族的管理，有些成员只是从家族内部获取收入。由于个人中心主义的存在，家族之间的成员关系可能因为分红或者继承股份而出现矛盾。为了规避这种个人中心主义，保证家族融洽和家族企业基业长青，进行家族规划的工作就显得更加必要。

2. 家族成员规划

家族成员是构成一个家族的最活跃、最积极的因素，对家族成员的规划不仅对家族的存续至关重要，而且对于家族企业的继承和永续经营也同样意义重大。当家族发展到第二代、第三代的时候，家族成员的个人自由发展往往和家族企业对继承者的要求不尽相符。如果等到家族企业不得不进行继承的时候，再对家族成员的个性进行塑造，那么收效将是极小的。合理的方法应当是未雨绸缪，从小就对家族成员进行规划，通过教育规划培养家族成员的爱好、兴趣、性格和能力，更重要的是让他们形成有利于扩大家族事业的商业思维和担当精神，继承家族价值观、家族精神和家族荣誉感。

3. 家族企业规划

家族企业的特殊性在于家族与企业的紧密结合。一般来说，家族与家族企业会随着家族成员的不断增多、企业规模持续扩张而产生更多的矛盾与冲突。特别是随着家族后代增多，家族发展至表兄弟姐妹和堂兄弟姐妹阶段时，基于家族成员之间的角色定位不同、能力不同、持股比例不同等因素，家族成员间利益的冲突和争夺在所难免。家族企业最特殊的地方就在于它和家族之间的关系，家族和家族企业紧密结合，一荣俱荣。然而随着家族企业规模的不断扩大，由于治理机制和制度方面等的原因，家族成员之间往往会出现剧烈的利益甚至情感冲突。而在一些创新型企业中，第一代家族企业创始人由于缺乏世代传承的经验，很可能无法制订一个合理有效的传承计划。

针对这种情况，对家族企业的规划应该紧密结合对家族成员的规划，特别是科学合理的家族企业传承的规划。只有这样，家族才能和家族企业一同成长，家族成员之间才能够友好和平相处。

■ 加强双重治理

双重治理指的是家族治理和家族企业治理。家族企业在发展过程中往往会出现和家族各方面发展混同的局面。为了避免这种情况的恶化，需要对家族和家族企业进行平行的双重治理。一方面，家族治理是家族企业治理的基础，家族平稳健康发展了，家族企业的发展才会有智力支持和精神保障；另一方面，只有家族企业治理好了，才能为家族的继承和发展提供物质保障。

1. 家族治理

随着家族的不断发展、家族成员的逐渐增多，缺乏切实有效的家族治理可能会给家族、家族企业带来灾难性的影响，而有效的家族治理可以帮助家族解决各种问题。家族治理涵盖正式治理与非正式治理。正式治理主要是构建所有家族成员共同理解、接受并践行的家族行为准则，为家族兴旺提供制度保障；非正式治理意指提升、优化、固化家族价值观和家族精神，为预防和解决家族冲突提供柔性保障。正式治理可以有力地支持非正式治理所起的防范冲突的作用，非正式治理也能促进正式治理的完善，将正式治理与非正式治理结合起来可以取得更好的家族治理效果。

缺乏合理有效的家族治理机制可能会给家族成员和家族企业带来灾难性的后果，而完整科学的家族治理制度可以促进家族成员之间的和睦共处，使家族精神和家族价值平稳高效地传承，更重要的是能够为家族企业的做大做强提供制度上的坚实后盾。

家族办公室在进行家族治理的规划时，注重在家族成员内部发生剧烈冲突之前，从家族的高度统一成员的思想。通过制定成员们都能赞同的成文规则，提升家族的凝聚力，加强家族成员之间的相互理解和信任。基于以上阐述，家族治理的目标如下：

（1）向所有家族成员传递家族的价值观、使命和愿景；

（2）向家族成员（尤其是那些不介入家族企业事务的成员）通报企业的主要业绩、挑战和战略方向；

（3）就可能影响家族成员雇用、红利分配以及可获得的其他福利的规则和决定进行沟通；

（4）建立正式的沟通渠道，允许家族成员提出他们的想法、期望和问题；

（5）将家族成员聚在一起，共同做出某些必要的决定。

家族办公室需要通过构建完善的家族治理结构与家族治理机制，实现家族成员个人幸福感，提成家族整体自豪感，维持家族和家族基业长青。

2. 家族企业治理

全球家族企业都面临着家族企业治理的挑战。对于家族企业，最棘手的问题莫过于家族与家族企业平行治理存在的潜在冲突。家族企业治理的根本在于发现与挖掘家族企业竞争优势的来源，据此设计出最适合家族企业的治理结构与治理机制。

总的来说，完整的家族企业治理需要家族企业治理和家族治理的同步进行。家族企业的治理一定需要制定出一个完善和清晰的家族治理方案，而家族企业的高效运作也离不开家族治理带来的规划与实现以及家族财富和价值的传承。

总之，"管理四大资本、制定三层规划、加强双重治理"是家族办公室运作需贯彻的核心行动准则，家族办公室的一切行动需牢牢坚持这一准则，以实现家族成员之间的和谐、家族兴旺和基业长青。

第二部分

家族办公室的全球经验
The overseas experiences of family offices

目前全球家族办公室的形式和种类日趋多样化,服务和功能也日渐细化,并且几乎扩展到全世界各个地区。当然,由于文化、理念、政治和经济环境的差异,各地区家族办公室的发展特点也有很大差别。

经过上百年的沉淀与积累，家族办公室在发达国家已经形成了相对成熟而完善的模式，并深受超高净值家族的认可。

目前境外家族办公室的形式和种类日趋多样化，服务和功能也日渐细化。当然，由于文化、理念、政治和经济环境的差异，各地区家族办公室的发展特点也呈现很大的差别。

全球家族办公室发展现状

家族办公室起源于欧洲，兴盛于美国。根据Bloomberg整理的数据，美国集中了全球大部分的家族办公室，占比在78%左右（见图2-1），荷兰占据12%的市场份额，澳大利亚为4%，亚洲新兴市场合计约占5%。

从细分市场看，单一家族办公室目前在全球有1000余家，其服务对象为"超高净值家族"，即财产净值在1亿美元以上的家族。[1] 但是，在2013年全球家族办公室的前50强中，大部分是联合家族办公室，前10强全部是联合家族办公室（含私人银行）（见表2-1）。

---

[1] 主要参考任瑞媛、杨璇、王彦博《家族办公室中外差异》，《银行家》2016年第2期。

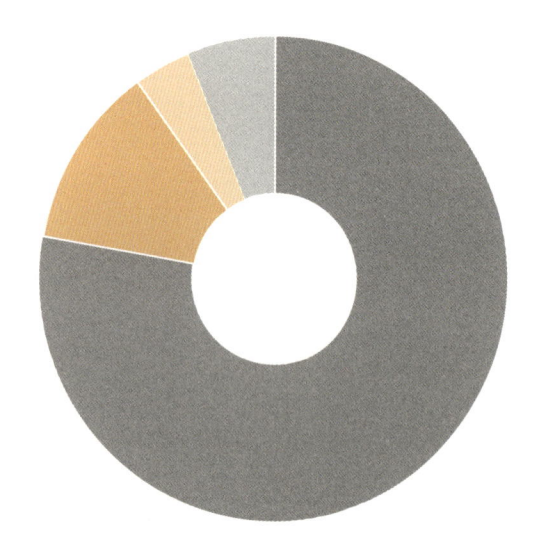

- 美国，78%
- 荷兰，12%
- 澳大利亚，4%
- 其他，6%

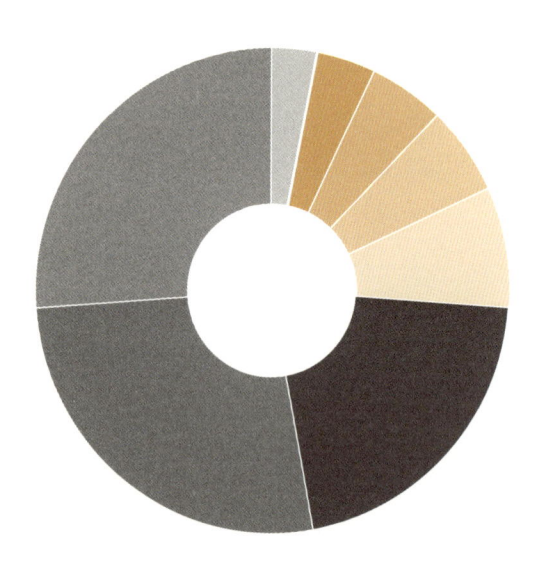

- 25亿~50亿美元
- 10亿~25亿美元
- <10亿美元
- >1000亿美元
- 500亿~1000亿美元
- 250亿~500亿美元
- 100亿~250亿美元
- 50亿~100亿美元

图2-1 家族办公室的区域分布及资产情况

资料来源：彭博：Family Office: Special Report。

表2-1 2013年全球家族办公室前10强

排名	名称	地区	资产管理规模（十亿美元）	家族资产管理规模（百万美元）	最低资产管理规模要求（百万美元）	联合家族办公室或私人银行的家族理财部门	是否包括单一家庭办公室
1	HSBC Private Wealth Solutions	香港	137	404	50	私人银行	是
2	Northern Trust	美国	112	32	20	私人银行	是
3	Bessemer Trust	美国	78	35	10	家族办公室	是
4	BNY Mellon Wealth Management	美国	76	190	100	私人银行	是
5	Pictet	瑞士	57	1.146	100	私人银行	是
6	UBS Global Family Office	全球	48	—	无最低要求，取决于客户所需服务	私人银行	是
7	CTC Consulting Harris myCFO (BMO Financial)	美国	36	112	25	私人银行	是
8	Abbot Downing (Wells Fargo)	美国	32	54	50	私人银行	是
9	U. S. Trust (Bank of America)	美国	31	192	25	私人银行	是
10	Wilmington Trust(M&T Bank)	美国	25	56	10	私人银行	是

资料来源：彭博：Family Office: Special Report。

汇丰银行的"私人理财方案业务中心"管理着1373亿美元的资金，而这些巨额资金的背后不过340个家族，平均每个家族的资金超过4亿美元。

排名第二的是北方信托（Northern Trust），它专注于走差异化路线，替财富相对较少的3457个超高净值家族管理着1120亿美元资产，平均每个家族管理资产3240万美元。

贝西默信托(Bessemer Trust)作为最古老、最著名的家族办公室之一，以管理779亿美元资产排名第三，它也是唯一一家挤进前10强的非私人银行联合家族办公室。

各区域家族办公室发展特点

迄今为止，全球各地区家族办公室的发展程度有很大的差异，呈现不同的特点。

■ **北美地区：长远规划，提高社会影响力**

虽然家族办公室起源于欧洲，却在美国得到了快速而繁荣的发展，服务与管理都比较成熟。

美国最初的家族办公室基本都是由家族内部人士管理，但随着金融市场的不断发展，标的资产的复杂程度和金融市场的巨大波动性已经超出了家族成员的管理能力，于是，一些家族办公室开始向专业化的方向迈进，目前75%的家族办公室均由第三方机构代为管理运营。

综合来看，该地区家族办公室有以下特点。

一是财富管理规划长远。 北美地区家族办公室的财富管理规划在全球范围来看是最长远的，约30%的家族办公室有十年以上的财富规划，投资规划在3年以内的家族办公室占比最低。[1]

二是专业服务外包业务迅速增长。 这一地区家族办公室的另一显著特点是专业服务外包业务（如税务规划）不断增长。在投资伙伴的选择方面，北美地区家族办公室倾向于利用家族办公室本身的人脉资源来进行合作投资，而不仅通过投资银行。通常北美地区家族办公室都具备正式的治理结构，无论是自行投资，还是合作投资，家族办公室内部均有相关管控机制。由于投资环境成熟，北美地区家族更多地雇用投资经理参与较复杂的投资项目，从而运营成本会略高于欧洲家族办公室。

三是注重家族治理。 随着家族成员年龄的增长和人数的增加，家族成员间对家族企业、财富的态度分歧越来越大，因此北美地区家族办公室的运作重心更加聚焦在家族治理上，包括制定家族宪法、召开家族大会等重要的家族治理工作。比其他地区的同行更超前的是，大多数北美地区家族办公室已采用程序化的管理结构。

---

[1] 赵静林：《全球家族办公室兴起亚洲迅速增长》，《每日经济新闻》2015年7月1日。

四是重视提高社会影响力。 北美地区的超高净值家族期望他们的家族办公室满足3C要求：全面掌控（Control）、资产巩固（Consolidation）和保密性（Confidentiality）。虽然大多数家族办公室都提供慈善、家族治理和教育方面的服务，但对追求财富传承的家族来说以上服务已不再是家族办公室的核心。北美地区的超高净值家族一直以来都有关注慈善的传统，而过去十年以来提高社会影响力也逐渐成为其关注的重点。

五是法律监管较为完善。 美国信托业的监管由两级机构负责，信托机构受到联邦和州的双重监管，同时也受联邦储备体系的监管，信托业的监管体系比较完善。这在促使美国信托业务成为世界一流的同时，也为家族办公室这个新兴金融服务的发展与监管奠定了坚实的基础。

六是近年来美国家族办公室因受制于监管，运营成本提升。 经过一个世纪的发展，美国家族办公室发展较为成熟，但调查显示，美国家族办公室也面临诸多挑战，如投资风险管理方法待改善、行业监管趋严和运营成本上升等。2008年金融危机爆发后，行业的监管趋严也对家族办公室的发展带来影响。无论是美国证券交易委员会还是政府税务部门，都在不断加强对家族办公室的监管力度及提高申报要求，从而危及家族的私密性及保密性，家族办公室因此也面临运营成本上升的风险。

七是"大数据"成为重要工具。 惠裕全球智库FOTT发布的《美国家族办公室调研报告》显示，随着投资领域变得更加复杂和多元化，IT变得越来越重要，尤其是在降低和缓和投资风险方面。有能力去处理大量数据并且能够监控非流动性资产，如房地产、石油和天然气投资的风险，是目前美国成功的家族办公室的一个发展趋势。

与此同时，很多成功的美国家族办公室正在增加对直接投资机会的投入，比如说与对冲基金、私募基金及风险基金合作，增加掌控权，以降低投资管理费用，提高投资回报。

总的来说，北美地区家族办公室注重长远规划、家族治理和提高家族社会影响力。同时，目前北美地区家族办公室非常重视开拓亚太地区的市场。

■ 欧洲：市场成熟，看重财富传承

家族办公室最早起源于欧洲，在18世纪欧洲成立的私人银行基础上，逐渐发展形成现代的家族办公室。19世纪早期，罗斯柴尔德家族成立家族办公室。19世纪末至20世纪早期，单一家族办公室由皇室或特定的大型家族所独有，发展稳步而又缓慢。到了20世纪中后期，欧洲大部分家族办公室仍为单一家族办公室。

目前欧洲约有1500家家族办公室，其中一些为阿尔巴家族（西班牙最显赫、最古老的贵族家族）、塞恩斯伯里家族、皮尔家族、吉尼斯家族等著名家族服务。这些家族办公室大多历史悠久。据调查，在市场成熟的欧洲，大多数家族办公室已为其委托家族服务了三代甚至更久。比如曾经服务于英国女王一人的顾资银行（Coutts）常被人称为"女王银行"，这家典型的"家族办公室"已经为英国王室服务了300多年，现在服务对象扩充至全球富豪；英国Grosvenor Estate银行因为格罗夫纳（Grosvenor）家族服务了300多年而著名。而联合家族办公室虽然成立较晚，但是在资产管理方面一般都有很长的历史和丰富的经验。

综合来看，该地区家族办公室的发展有以下特点。

一是数量与规模上发展不均衡。 欧洲家族办公室数量众多，但是其规模和分布并不均衡。西班牙在最近20年涌现出很多新势力家族，因此有相当数量的家族办公室在运营，但是它们的成熟程度和发展程度参差不齐，而且无法与古老的欧洲财阀相提并论。欧洲管理资金超过10亿欧元的单一家族办公室有80家之多，而尽管在西班牙有近100家单一家族办公室，但是仅有7家管理资产超过10亿欧元。欧洲大规模的家族办公室相对集中于英国、瑞士、德国等金融中心，如2012年全球规模最大的联合家族办公室为总部设立在瑞士的HSBC Private Wealth Solutions，管理客户平均资产规模最大的联合家族办公室是总部设立在日内瓦的1875 Finance。

二是关注税收、会计、司法等多领域问题。 与重视证券与投资的美国不同，欧洲家族办公室主要关注税收、会计和司法等领域的问题。主要管理长期资产，如房地产、私募股权融资和直接投资。在投资业务增加的同时，技术、法律和税务方面的业务则更多进行了外包。短期资产如对冲产品等，由于需要频繁监控和高度专业的管理，更多是通过投资银行或者私人银行进行，包含境外金融资产的投资组合也外包给资产经理进行管理。

三是市场成熟，运营成本低。 欧洲有着较为成熟的家族办公室市场，伦敦、日内瓦、苏黎世、摩纳哥和卢森堡等金融中心使得财富管理在每一环节上都有充足的选择余地。因此，私人银行和投资银行在家族办公室中的重要性和其他地区（尤其是亚太的发展中地区）相比相对较低。

为了实现更好的传承，欧洲家族需要对资产进行更好的战略配置、风险控制和税务筹划。对家族办公室运营成本的全方位控制也使得欧洲家族办公室在三个地区中拥有最低的运营成本。

四是重视家族财富和核心价值的传承。从发展的历史上来看，欧洲和北美地区的家族办公室有很大的差异。欧洲家族办公室往往陪同家族几代人度过了风雨，因此更看重家族事业、资产以及核心价值的传承。欧洲家族办公室的治理体系更为精密，家族的连续性、凝聚力都是欧洲家族办公室的重要特征。

总的来说，尽管欧洲内部各地区发展不均衡，但是总体市场成熟，体系完善，运营成本低，重视家族财富和文化的传承。

■ 亚太地区：潜力巨大，重视投资回报

亚太地区的超高净值家族正以全世界最快的速度增长，但是与发展历史悠久的欧美相比，亚太地区的家族办公室发展相对滞后，仍处于发展初期。20世纪中后期，家族办公室业务开始在亚太地区出现，据统计，60%左右的家族办公室成立于1990~2010年。

瑞银与家族办公室服务提供商Campden Wealth Research发布的《全球家族办公室报告（2015）》显示，2015年，亚洲家族办公室的平均成立年份为2002年，平均管理资产为4.31亿美元。作为对比，北美地区家族办公室的平均成立时间为1998年，平均管理资产为9.26亿美元，而全球家族办公室管理资产的平均数则为8.06亿美元。

就现有的家族办公室来看，多为欧美的家族办公室在亚太地区设置的分支机构，抑或在家族企业内部设置的、专门服务于本家族企业的专业部门。但是，随着亚太地区的超高净值家族数量的快速增长，以及越来越多的亚太富豪开始重视财富的管理和传承，未来一段时间，亚太地区的家族办公室有望迎来井喷式的发展。尤其是经过全球金融危机之后，更多的亚洲超高净值家族愿意将家族办公室作为首选来最大限度地保护家族财富、传承家族企业。

到目前为止，亚洲顶级富豪家族中建立家族办公室业务的数字并不明确，但根据欧洲工商管理学院（INSEAD）和瑞士私人银行Pictet在2012年的统计来看，有100~200家单一家族办公室为亚洲顶级富豪服务，而同时期美国和欧洲的数字则分别是3000家和1000家。尽管在

很长时间里，中国香港和新加坡由于优惠的税收制度而几乎垄断了亚洲家族办公室业务，但随着中国内地经济的急速发展和随之而来的超高净值家族的产生，北京正在成为亚洲家族办公室的下一个集聚地。

事实上，亚洲的家族办公室很可能比数据显示的更多。原因在于，许多亚洲超高净值家族更乐于以"家企合一"的形式来管理他们的家族财富和企业生意，这也就使得西方传统意义上的家族办公室必须改头换面来适应亚洲主顾们的需求。

虽然家族办公室在亚太地区的市场还并未形成规模，但就目前的发展状况来看，其在亚太地区的发展表现出一些区别于欧美市场的特点。

<u>一是历史短，数量少，较为集中</u>。在亚太地区（包括中国内地），家族办公室仍是比较新的概念。据统计，亚太为数不多的家族办公室主要集中在中国香港（43%）、新加坡（18%）和澳大利亚（18%），这些地方由于优越的经济制度、税收环境和社会条件，取得了亚太地区家族办公室业务的垄断地位。

在亚太地区，由家族办公室管理的资产仅占家庭净资产总额的58%，这个比例远远低于北美地区的90%和发展中经济体的82%，甚至还远低于全球平均值70%。

家族办公室的资产规模与家庭净资产总额情况见图2-2。

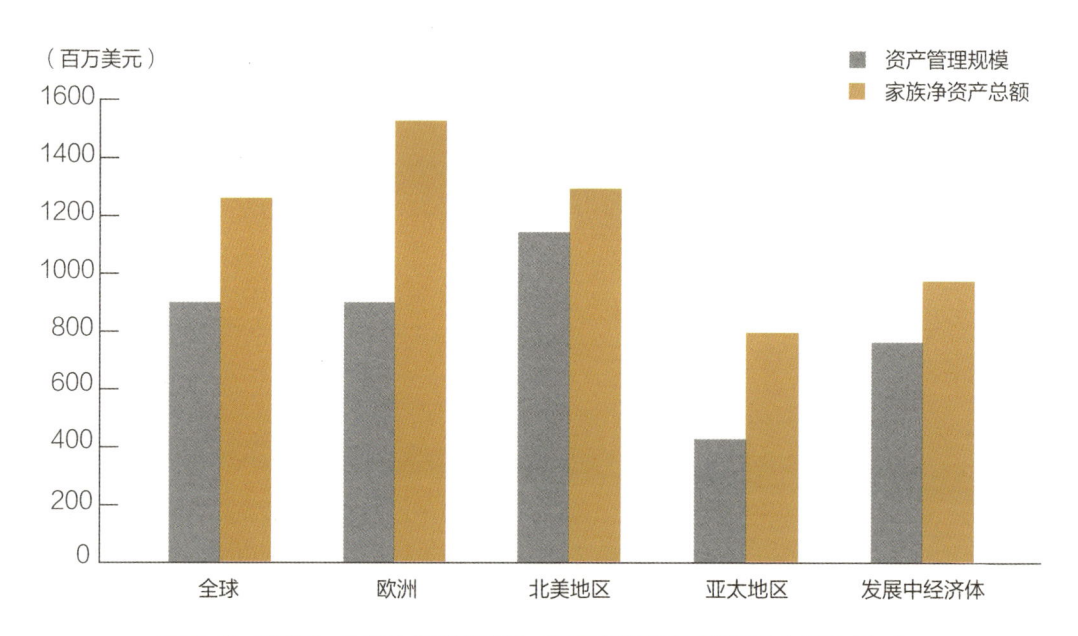

图2-2　家族办公室的资产规模与家庭净资产总额情况（2014年）

资料来源：UBS，Campden Wealth：《全球家族办公室报告（2014）》。

二是重视投资回报，注重增长策略。在亚太地区，设立家族办公室的动力来自家族投资管理的需要，其首要目标是追求投资回报，其次是维系家族关系。而且在亚太地区风险管理策略普遍发展滞后的背景下，亚太地区的家族办公室将应对投资风险作为首要目标。在资产配置方面，亚太地区的家族办公室主要专注于增长策略，大约40%的财富来源于股票和现金等流动资产。其次是对私募基金、房地产和艺术品等非流动资产的投资，贡献了32%的财富。此外，亚太地区约2/3（见图2-3）的家族办公室将财富管理规划到5年以内，而仅约10%的家族办公室有10年以上的投资规划，这与欧美地区家族办公室的资产规划有着很大的区别。①

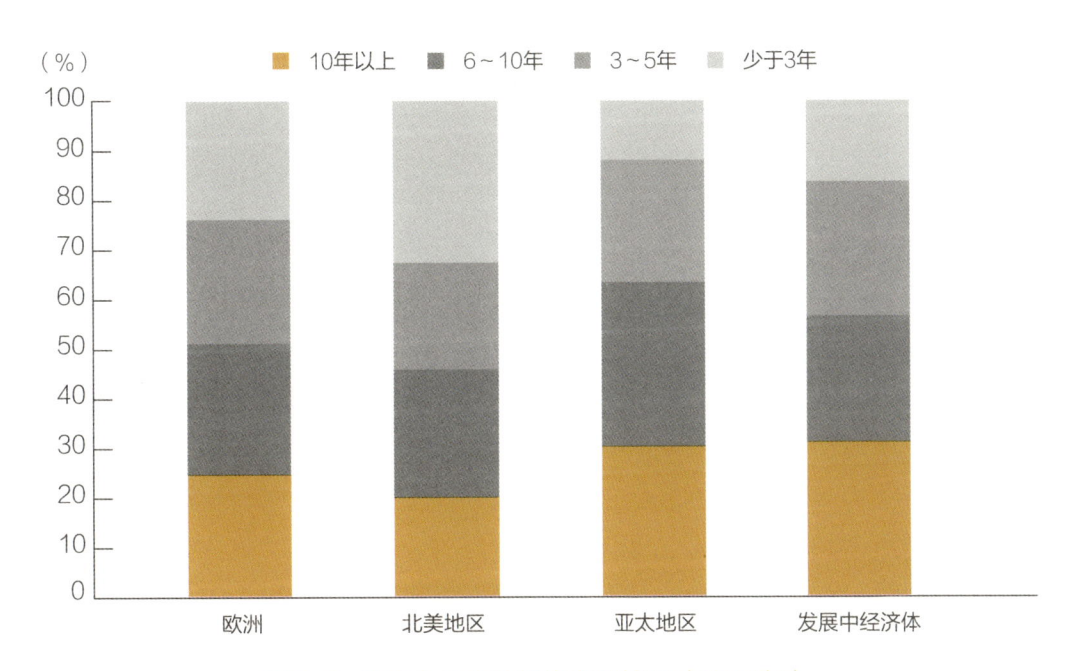

图2-3 家族办公室的投资期限情况（2014年）

资料来源：UBS，Campden Wealth：《全球家族办公室报告（2014）》。

---

① 秦伟：《打破"富不过三代"魔咒，揭秘亚太区家族办公室》，《21世纪经济报道》，2012。

三是家族参与度高，运营成本高。在亚太地区，家族企业与家族办公室的联系非常紧密，家族办公室主要由家族主导，家族资产与业务资产区别不大。家族办公室将很大一部分资产用于持有家族的核心企业和非流动性资产，超过80%的家族办公室仍然与当初积累财富的原始企业有关。

根据瑞士信贷的观点，亚洲超高净值家族对家族办公室的需求相当迫切，即使净资产不足1亿美元的家族也纷纷对家族办公室表示出浓厚的兴趣，而对于审慎的亚洲超高净值家族来说，是否真正组建家族办公室的最大问题，只不过是成本和产出比例的大小。亚太地区家族办公室CEO的平均年薪总额为28.3万美元，即每管理100万美元，家族便需向其支付645美元，而北美则为482美元，欧洲为336美元。亚太地区家族办公室CEO的平均任期也更短，约为8年零6个月，低于欧洲的10年零7个月以及北美的9年零9个月。①

亚洲富豪们更青睐单一家族办公室，通常这些家族办公室均由第一代创业者掌舵，并鼓励成员们参与家族办公室的运作，而熟悉西方财富管理模式，有着西方求学和工作背景的第二、第三代则会积极参与家族办公室的决策。

亚洲家族办公室的家族参与性较强，家族成员在家族办公室中的任职比例更高，而且与非家族职业经理人的合作关系也更为密切。出于对家族隐私的保护，大部分投资和服务都由家族办公室内部完成，较少通过外包模式。因此，亚洲家族办公室的运营成本是最高的，需要在项目投资中花费更多的时间及精力。据调查，亚太地区家族办公室的平均营运成本高达管理资产总额的近1%。

四是更加关注慈善事业。慈善事业正在成为亚太地区家族办公室一项日益重要的职能。根据瑞银与家族办公室服务提供商Campden Wealth Research发布的《全球家族办公室报告（2014）》，亚太地区1/3的家族办公室至少有1500万美元的慈善捐款，主要投放于教育和医疗保健领域。据调查，亚太地区77%的家族办公室参与了某种形式的慈善事业。

五是市场巨大，发展前景广阔。根据瑞士信贷2015年最新发布的《全球财富数据手册》，亚太地区资产在1亿美元以上的有6000多人，仅次于北美和欧洲，而其中中国约占2/3。这些人大多数属于"富一代"，这给单一家族办公室提供了巨大的市场。波士顿咨询公

---

① 杨砚文：《富不过三代？中国家族超级"大管家"崛起》，财新网，2010。

司2015年5月公布的《2015年全球财富报告》预测，到2016年，亚太地区（不包括日本）将拥有约57万亿美元的私人财富总量，超越北美成为全球最富裕的地区。而未来五年，亚洲（日本除外）的财富增长速度有望达到全球财富增长速度（约6%）的两倍。迅速增长的财富也为亚洲家族办公室的迅速发展提供条件。

综上所述，亚太地区的家族办公室虽然发展历史较短，规模较小，但由于较快的财富增长速度和巨大的市场潜力，可以预计，未来几年家族办公室在亚太地区将会迎来快速发展时期，在为更多的超高净值家族提供服务的同时，也将推动整个亚太地区的财富管理、信托业，乃至整个金融业的发展。

全球家族办公室发展趋势

受各地区文化、政治和经济环境的影响，不同地区家族办公室的侧重各有不同，但是家族办公室整个行业的发展仍然表现出一些特定的趋势。

■ 单一家族办公室向联合家族办公室转变

据统计，近几年，单一家族办公室管理的资产平均保持在5亿美元，而联合家族办公室管理的资产平均增长了三倍，达70亿美元。[①] 这一趋势主要是由于联合家族办公室门槛相对较低，并且更具规模效益，同时各家族还能通过联合家族办公室共享服务平台、投资团队等，以降低运营成本。对联合家族办公室来说，规模增加能吸引更好的投资经理、家族顾问、法律专家等专业人士加盟；由于不同家族拥有在多个行业深耕的经验及更广阔的商业网络，联合家族办公室有可能获得更多的投资机会。

---

① 赵静林：《全球家族办公室兴起　亚洲迅速增长》，《每日经济新闻》2015年7月1日。

■ 资产配置日益全球化以获得更安全的回报办公室转变

在全球经济、金融和资本市场一体化的背景下,资产配置全球化是必然的选择。全球各区域发展并不均衡,这意味着投资收益选择范围的拓宽,可以选择比本国发展更好的国家进行投资,有效地降低单一市场的系统性风险,回避单一市场的周期变化,获得更安全、更高的回报。

而家族内部因移民、国际婚姻等原因,家族身份也日趋全球化,这不仅表现在他们在不同地区购买财产——如房地产,而且家族成员也分布在全球各地,需要在各个国家进行交易。因此需要家族办公室提供清晰的全球战略规划指导,对家族办公室的全市场、全球化的资产配置能力提出了更高的要求。很多联合家族办公室在世界各地设立办事处,以方便开展国际业务。

■ 投资方向向均衡性、多行业发展

以家族主业为主的投资虽然对投资人来说更加驾轻就熟,但是经济周期和金融危机的冲击已经证实了这种投资方式的抗打击性较弱。因此,为了保证家族资产的传承和流动性,家族办公室在主业之外的投资趋于向均衡性、多行业发展,投资方式以保障流动性为主,包括股票、债券的投资。家族办公室要在系统的框架下进行合理的管理分配,以实现家族财富的管理目标。

■ 将更加重视针对女性客户的服务

女性在超高净值人群中的比例日益增加,目前约为11%。其中超过一半的女性是通过继承获得财富的,而其他财富创造的途径包括担任导演、首席执行官、公司创始人、公司总裁等的工作收入。女性掌握着全球管理资产的1/4,而在北美这一比例高达1/3。在美国,45%的百万富翁是女性;据估计,在接下来的40年里,41万亿美元将通过代际财富转移由女性继承70%。

女性客户在家族成员中有着重要影响,因为女性的寿命一般比配偶长8年,而且多半女性在家族财富传承方面有相当大的发言权。

女性对于家族办公室服务的需求也在不断增加。因此,越来越多的家族办公室开始重视针对女性客户的服务。

■ 新兴市场的家族投资向美国集聚

家族基金作为旨在财富传承的投资基金，希望把资产放在成熟的、法律法规完善的市场，这样才能更好地保护自己的资产。新兴市场超高净值家族的投资有向美国集聚的趋势。比如南美的一些富豪家族、希腊的船王家族，都在把资产转移到美国，在美国成立家族基金。

出现这种趋势的主要原因有两个：一是优秀的基金管理人才在向美国集聚；二是人们普遍预期美元和美国市场是比较稳定的，而新兴市场风险相对偏高，包括外汇变动的风险以及国内政治风险。

附录1　全球家族办公室案例分析

美国家族办公室实践案例

罗斯柴尔德家族是欧洲乃至世界久负盛名的金融世家,发迹于19世纪初,其创始人曾在法兰克福、伦敦、维也纳、巴黎和那不勒斯广设银行,罗斯柴尔德银行至今仍在全球投资银行中排名前20位。近代金融史上最具影响力的人物、罗斯柴尔德家族创始人梅耶的三儿子——纳森·梅尔·罗斯柴尔德(Nathan Mayer Rothschild)曾经说过一句话:"要获取巨额财富,需要极大的勇气和极度的谨慎。然而,在你拥有它的时候,还需要投入十倍的精力和智慧去传承它。"可见家族财富传承的重要性及困难性。依靠家族办公室,罗斯柴尔德家族已传承八代,洛克菲勒家族、福特家族、古根汉姆家族等也都成功克服传承百年的挑战,家族办公室不仅帮它们破解了家族继承人缺乏的内部隐患,而且适应了包括全球性战争、不断变化的经营环境、政府监管新规和经济衰退等各种意想不到的外部变化;不仅能够从容面对挑战,而且已经建立起可以庇荫后代的家族传承系统,保持家族的价值观和理想。下面我们通过具体的家族办公室运作案例来深入解读家族办公室是如何运作的。

■ 洛克菲勒家族办公室[①]

洛克菲勒家族办公室,又称"5600房间",其提供的服务涉及从投资、慈善,到法律、会计、家族事务等多个领域,为洛克菲勒家族的长盛不衰做出了巨大的贡献。

---

① 本部分主要参考魏锴《洛克菲勒家族"六代帝国"的财富秘密》(上),《新财富》2012年9月28日。

1. 家族简介

作为美国首位财富达到10亿美元的富豪,"老洛克菲勒"(约翰·戴维森·洛克菲勒)的大名在美国可谓家喻户晓。"老洛克菲勒"一生所积攒的财富数量并没有准确记录,媒体估算其临终时财富已达14亿美元,相当于美国当年GDP的1.5%。时至今日,洛克菲勒家族已经传到了第六代,"老洛克菲勒"所积攒的巨额财富至今仍然在为洛克菲勒家族服务。老洛克菲勒设立了洛克菲勒基金会(慈善机构),随后,继承了父亲大部分遗产的小洛克菲勒在1934年、1952年设立一系列信托,分别把财富传给妻子、子女和孙辈,见附图1-1。

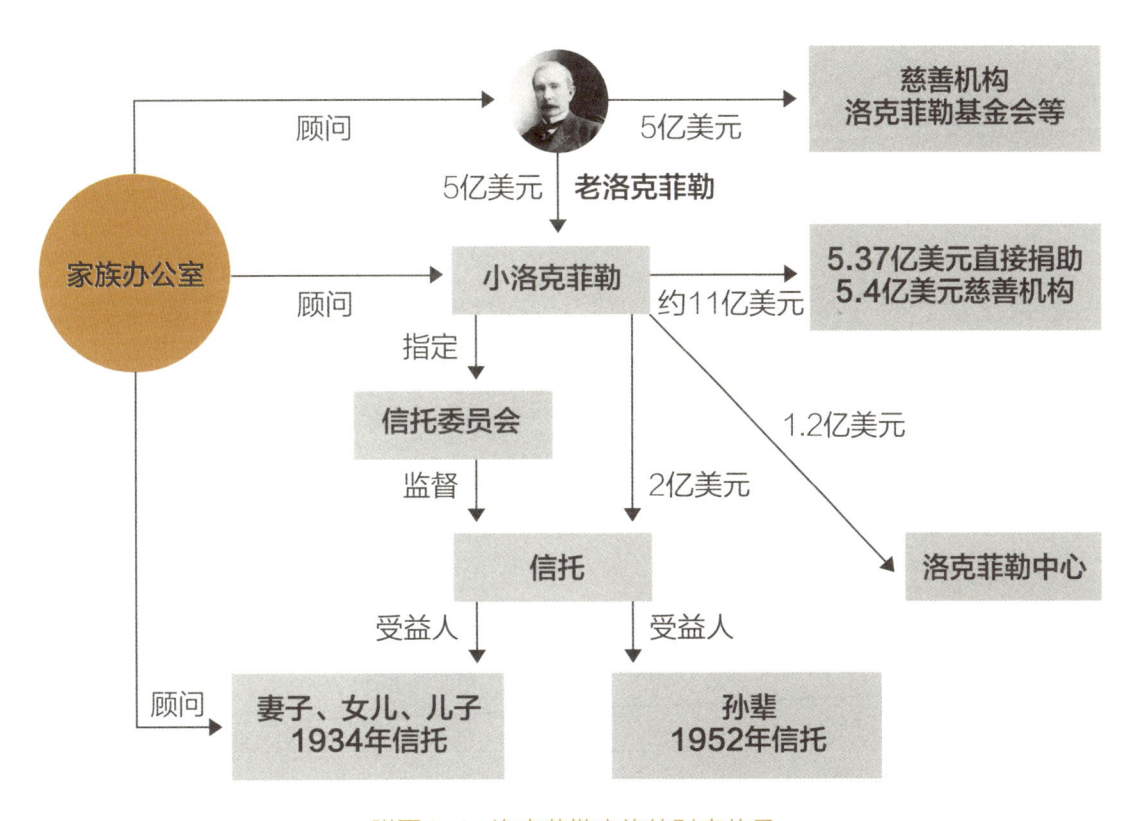

附图1-1 洛克菲勒家族的财富传承

2. 洛克菲勒家族办公室的设立目的

洛克菲勒家族成立的家族办公室（Rockefeller Family & Associates），在其财富传承中起到关键的决定性作用，由于这个家族办公室在洛克菲勒广场的56层办公，因而又常常被称为"5600房间"。洛克菲勒家族办公室的雏形是一个松散的小型团队，主要帮助洛克菲勒家族的创始人老洛克菲勒打理庞大的资产和管理慈善活动。20世纪60～80年代，洛克菲勒家族办公室在迪尔沃斯（曾是库恩-洛布银行的合伙人）的带领下，逐渐走向专业化和正规化。

3. 洛克菲勒家族办公室的运作

在迪尔沃斯主政期间，洛克菲勒家族办公室共设置了三个投资部门，分别涵盖传统投资（股票和债券）、不动产另类投资和风险投资。在股票投资方面，洛克菲勒家族办公室主要采取分散化投资的策略，不过，对石油、化工以及先进科技等方面的股票表现出较强的投资偏好。

洛克菲勒家族办公室的持股情况（1974年）见附图1-2。

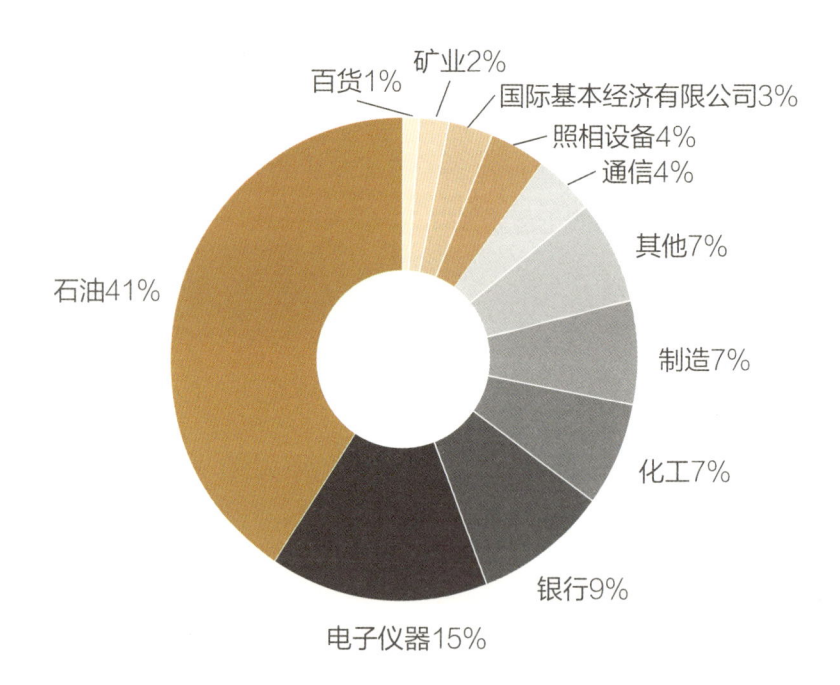

附图1-2　洛克菲勒家族办公室的持股情况（1974年）

- 石油 41%
- 电子仪器 15%
- 银行 9%
- 化工 7%
- 制造 7%
- 其他 7%
- 通信 4%
- 照相设备 4%
- 国际基本经济有限公司 3%
- 矿业 2%
- 百货 1%

在走向正规化之后，洛克菲勒家族办公室开始不仅仅为自身家族打理巨额资产，而且凭借出色的专业能力为其他家族提供类似的服务。洛克菲勒家族办公室俨然转变为一家资产管理公司，凭借其卓越的声誉为其他许多超高净值家族客户提供优质的资产管理服务。当然，在这一过程中，洛克菲勒家族成员始终是该家族办公室的主要服务对象，其资产占家族办公室管理资产规模的2/3。

4. 洛克菲勒家族办公室的效果

在家族办公室的帮助下，洛克菲勒家族不仅实现了财富的传承，更实现了精神文化的传承。洛克菲勒家族每一代都积极地参与文化、卫生与慈善事业，让整个社会分享他们的财富，做出了不朽的贡献。据统计，该家族至今已经创立或支持了至少72所重要院校，对美国教育事业产生了深远影响。毫不夸张地说，洛克菲勒家族在过去150年的发展史就是整个美国历史的一个缩影，并且已经成为美国国家精神的杰出代表，家族影响力已渗透至世界各地。

■ 戴尔家族办公室——MSD Capital[①]

戴尔公司的创始人迈克尔·戴尔在1998年以私人投资公司的形式设立了家族办公室MSD Capital，以管理戴尔公司累积的巨额财富。

1. 家族简介

迈克尔·戴尔，1965年出生于美国休斯敦的一个中产家庭，1984年创立戴尔公司。戴尔公司以生产、设计、销售家用和办公电脑而闻名，同时也涉足服务器、数据储存设备、网络设备的销售与生产。戴尔公司1989年收入高达2.5亿美元，1992年进入《财富》杂志世界500强企业之列，戴尔也成为世界500强最年轻的首席执行官，并在32岁时成为德克萨斯州的首富，拥有43亿美元的净资产。2004年《财富》杂志将迈克尔·戴尔评为美国40岁以下最富有的人，其个人净资产高达214.9亿美元，"足够为每一位美国中学生购买一台电脑"。

2. MSD Capital的设立目的

1988年戴尔公司上市后，迈克尔曾经通过不同的投资银行出售戴尔公司的股票套现。随着财产规模日渐庞大，他渐渐觉得需要一个专业团队对其进行管理，因此在1998年请到出身高盛的格伦·福尔曼（Glenn R. Fuhrman）和约翰·费伦（John C. Phelan）出任管理合伙人，创建了单一家族办公室MSD Capital。

家族办公室帮助迈克尔把家族资产配置于IT行业之外，对家族资产进行集中管理和优化配置，实现分散投资（投资分布见附表1-1），以维护家族利益、实现财富长期保值增值。

[①] 本部分主要参考高皓、刘中兴、叶嘉伟《MSD Capital家族办公室如何发力戴尔私有化》，《新财富》2013年10月23日。

附表1-1 MSD Capital的投资组合及行业分布

能源行业			
Energy XXI	Blueknight Energy Partners	Transatlantic Petroleum	Atlas Pipeline Partners
Buckeye Partners	Futurefuel	Northwestem	Semgroup Energy Partners

科技行业（软件开发、IT服务）				
Lante	Zixit	Exe Technologies	I-many	Tyler Technologies
Red Hat	Informatica	MSC Software	Lawson Software	

汽车行业		
Delphi Automotive	Asbury Automotive	Dollar Thrifty Automotive Group

餐饮行业		
Domino's Pizza	Dine Equity	Ihop

金融保险行业		
USI	Wright Express	Indy Mac Bank（One West Bank）印地麦克银行

数码/通信行业		
Gap Radio Broadcasting	Journal Communications	Time Wamer Telecom
Digital RIV		Level 3 Communications

其他行业		
Mckesson HBOC（健康）	Opus 360（健康）	PVH Corporation（服饰）
Echostar Corporation 艾科思达公司（通信）	Heritage Fields（前美国海军基地）	Greenfield Online（在线调查）
Macquarie Infrastructure Company（建筑）	Darling International（食物回收）	Nalco Holding Company（污水处理）
Sunstone Hotel Investment（不动产）	Dental One Partners（健康）	Valley Crest Companies（园林）
School Specialty（教学用品）	Timber Star Southwet（林地）	Northwest Airlines 西北航空公司
Iphonic（其他服务）	PMC-Sierra（半导体生产）	

3. MSD Capital的运作

秉承着长期资产增值的理念，MSD Capital很少使用杠杆，更关注投资的预期价值分析和风险调整后的回报。MSD Capital的投资范围广泛，其过去15年间的投资充分分散在能源、餐饮、通信、金融、建筑与汽车等不同行业，平均每笔投资金额为1亿~2.5亿美元。MSD Capital的投资主要方向包括股票市场、不动产、私募股权等。

4. MSD Capital的效果

戴尔家族办公室的资本市场运作不仅增加了戴尔家族的财富，还减少了其受戴尔公司业绩波动的影响。2002年，虽然戴尔公司年净利润增长率为-42.8%，但是戴尔的个人财富净值增长了14.3%，二者之间的关联度很低。目前，戴尔家族办公室已经在纽约、伦敦和洛杉矶设有办公室，管理资产规模也已经超过了130亿美元。2000~2013年MSD Capital的部分资产见附图1-3。

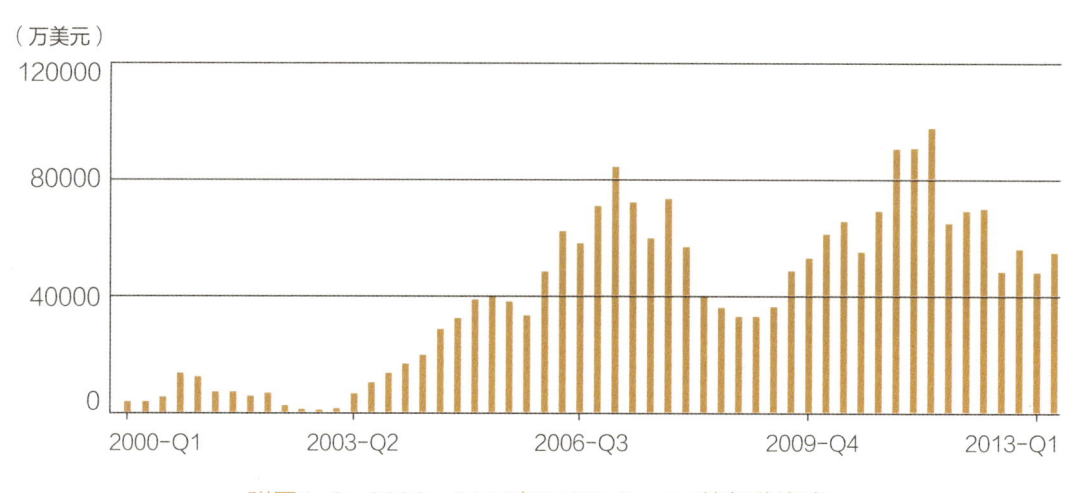

附图1-3　2000~2013年MSD Capital的部分资产

资料来源：美国SEC存档。

■ 肯尼迪家族办公室——Joseph P·Kennedy Enterprises[①]

如果说美国有贵族的话，那么肯尼迪家族必然当仁不让。通过巧妙的税务及信托安排，肯尼迪家族办公室不仅妥善地完成了家族财富的传承，而且培养出一代又一代在美国政坛呼风唤雨的杰出政治人物。

附图1-4为肯尼迪家族照片。

附图1-4　肯尼迪家族照片

---

① 本部分主要参考《不可撼动的10亿美元：肯尼迪家族的财富传奇》，每经网，http://www.nbd.com.cn/articles/2014-07-10/848013.html。

1. 家族简介

肯尼迪家族的祖先从爱尔兰威克斯福德逃荒到美国。家族缔造者老约瑟夫·P.肯尼迪（Joseph P. Kennedy, Sr.）1888年生于波士顿，1912年从哈佛大学毕业后从事银行业工作，一战结束后通过股票内幕交易成为百万富翁，后来又担任美国证监会（SEC）主席，成为肯尼迪家族的核心支撑力量，对整个家族跻身豪富之列、积累近10亿美元的庞大家族财富起到了至关重要的作用。

在过去的半个世纪里，肯尼迪家族的许多成员（见附表1-2）都担任过美国政坛的重要职务，包括一位美国总统、三位美国联邦参议员、四位美国联邦众议员、一位美国联邦内阁部长，可谓声名赫赫。

附表1-2　肯尼迪家族成员

家族成员	职务
约瑟夫·P.肯尼迪	波士顿银行总裁、美国驻英国大使
约翰·肯尼迪	美国第35任总统，曾先后任众议员和马萨诸塞州参议员
尤尼斯·肯尼迪·施莱佛	国际特奥会创始人、名誉主席
罗伯特·肯尼迪	1964年当选纽约州参议员
爱德华·肯尼迪	1962年当选马萨诸塞州参议员
凯瑟琳·阿格尼丝·基克·肯尼迪·卡文迪许	哈廷顿侯爵夫人、英国/美国社交名媛
小约翰·菲茨杰拉德·肯尼迪	《乔治》杂志创办人
卡罗琳·肯尼迪	卡罗琳基金会创办人
约瑟夫·肯尼迪三世	马萨诸塞州众议员
玛丽娅·施莱弗	加利福尼亚州第一夫人

2. 肯尼迪家族办公室的设立目的

肯尼迪家族怀有一个长久的梦想——总统之梦，即这个家族后代中一定要有人成为美国的总统，而实现这一梦想的前提则是让子孙后代衣食无忧。因此，老约瑟夫设立了信托基金，提供给妻子和孩子们每人2000万美元，希望子女们能够用这些钱帮助家族实现梦想，随后演变为家族办公室Joseph P. Kennedy Enterprises。

3. 肯尼迪家族办公室的运作

肯尼迪家族办公室在美国前总统约翰·肯尼迪的好友斯蒂芬·史密斯的领导下，曾经有过一段最为辉煌的时期。当时，肯尼迪家族办公室的日常监督工作已经交由一个六人专家顾问委员会来执行。如今肯尼迪家族的财富，几乎大部分都掌握在信托手中，数量达到十几个，管理的财产从几万美元到几千万美元不等，并且几乎全部由家族办公室负责管理。

关于肯尼迪家族的产业，由于公开资料十分有限，借助波士顿银行、股票交易和投资银行业务分析，肯尼迪家族涉足的产业包括好莱坞电影、传媒、通信、能源、医药、食品、纺织等，在美国政治与经济领域具有非常大的影响力。

4. 肯尼迪家族办公室的效果

肯尼迪家族的财富分散在30位家族成员手中，在过去的大半个世纪中，肯尼迪家族办公室帮助家族将财富源源不断地转化为权力和威望，由此进一步扩大家族财富规模。

5. 肯尼迪家族办公室的启示

肯尼迪家族通过信托方式将资产在一代又一代的继承人之间传承几十年甚至更长时间，避免了家族财富被高昂的遗产税吞噬，只要操作无误，可以无限期地维持非应税财富，实现家族基业长青。

■ 比尔·盖茨家族办公室——Bill and Melinda Gates Investments, BMGI[1]

1. 家族简介

比尔·盖茨1955年出生于美国华盛顿州西雅图一个中产阶级家庭，其父亲是当地的著名律师，母亲曾是华盛顿大学董事、银行系统的董事以及国际联合劝募协会的主席，他的外祖父J.W.麦克斯韦尔曾任西雅图银行行长。

比尔·盖茨13岁开始进行计算机编程设计，18岁考入哈佛大学，一年后退学，1975年与好友保罗·艾伦一起创办微软公司，担任微软公司董事长、CEO和首席软件设计师，并多年蝉联美国甚至世界富豪榜首富，是著名的企业家、软件工程师、慈善家。

2. BMGI的设立目的

1986年微软公司公开上市，当时比尔·盖茨持有微软45%的股份，约合10亿股，由此积累了大量的财富。

20世纪90年代初，比尔·盖茨对慈善活动产生了兴趣，在研究了洛克菲勒的生平之后，出售了部分微软的股票，成立了威廉·H.盖茨基金会和一家私人投资公司Cascade Investment。2000年，比尔·盖茨与妻子共同成立了比尔与梅琳达·盖茨信托基金。随后，又成立了比尔与梅琳达·盖茨投资（Bill and Melinda Gates Investments，BMGI），则主要负责管理Cascade Investment、比尔与梅琳达·盖茨信托基金及其他实体的投资组合，致力于通过投资保证家族资产的增值收益，承担了家族办公室的财富管理功能。

---

[1] 本部分主要参考露西·沃里克《比尔·盖茨的财富管家》，《金融时报》2015年10月28日。

3. BMGI的运作

BMGI通过Cascade Investment管理盖茨的个人财富并打理比尔与梅琳达·盖茨信托基金的受捐资产,这样的结构可以让盖茨的基金会将慈善工作与投资分开,更好地确保基金会顺利地完成使命。

Cascade Investment主要由迈克尔·拉森领导,在他的带领下,Cascade Investment注重多元化和多样化。由极少数的公开资料可以发现,拉森的投资主要分为三个类别:房地产、非科技类公司(如加拿大国家铁路公司)和另类资产(私募股权)。

4. BMGI的效果

根据福布斯2015年全球富豪榜,比尔·盖茨净资产达到了796亿美元,而其2014年、2013年、2012年、2011年和2010年的净资产分别为760亿美元、670亿美元、610亿美元、560亿美元、530亿美元,净资产平均年增长率高到8.5%,实现了家族财富的稳定增值,同时较好地保护了家族的隐私。

另外,比尔与梅琳达·盖茨基金会的项目已基本惠及美国各州和世界各地,是世界上最大的慈善基金会。如附图1-5和附表1-3所示,截至2010年基金会已捐款239.1亿美元,2010年3月,获联合国人口基金会颁发的联合国人口奖,为世界教育、卫生、医疗、环境等事业做出了卓越的贡献,掀起了美国甚至世界慈善事业的新革命。

- 全球健康计划 13839百万美元,58%
- 美国计划 5976百万美元,25%
- 全球发展计划 3064百万美元,13%
- 非计划捐款 1031百万美元,4%

附图1-5 比尔与梅琳达·盖茨基金会捐款情况

附表1-3　比尔与梅琳达·盖茨基金会捐款情况

捐款类型	金额(百万美元)
计划部分	
全球发展计划	3064
全球健康计划	13839
美国计划	5976
非计划部分	
慈善部门支持	39
员工相关福利赞助	18
家族利益	974
总捐赠额	23910

欧洲家族办公室实践案例

■ 哈拉尔德·匡特家族办公室——HQ Holding[1]

哈拉尔德·匡特家族创立了为家族内部服务的单一家族办公室——HQ Holding和为外部家族服务的联合家族办公室——HQ Trust，实现了独特且界限分明的双层结构家族办公室。

1. 家族简介

匡特家族可谓德国历史上最富有的家族，但行事非常低调。匡特家族曾同时是宝马、戴姆勒奔驰、化学品集团阿尔塔纳、生产毛瑟步枪的德意志武器和弹药厂、瓦尔塔电池等公司的股东。

在第三代分割家族资产之后，其两大家族分支选择了不同的传承模式：一支更注重实业经营（赫伯特分支），另一支更重视金融资本运营（哈拉尔德分支）。此处重点介绍的是偏重于金融资本运营的哈拉尔德分支。

[1] 本部分主要参考高皓、刘中兴、叶嘉伟《匡特家族：宝马控股家族的MFO之路》，《新财富》2015年7月17日。

2. HQ Holding的设立目的

1967年,哈拉尔德不幸罹难,留下了妻子英格和5个女儿,他的早逝也结束了家族长久以来的和睦。由于利益分歧,哈拉尔德的遗孀英格与赫伯特决定分割家产,整个过程耗时长久且极其复杂,哈拉尔德的五个女儿在其中也饱受煎熬。鉴于此,她们决定不再重蹈分家的覆辙,希望通过某种方式能够始终将五人聚合在一起而又不产生利益分歧。

基于此,在出售了戴姆勒奔驰的全部股权之后,她们用获得的巨额现金成立了哈拉尔德·匡特控股有限公司,简称HQ Holding,统一管理哈拉尔德这一分支的家族财富。在当时的德国,HQ Holding是最早成立的单一家族办公室之一。

3. HQ Holding的运作

HQ Holding针对五姐妹的特点,为她们提供了量身定制的服务,从投资、保险到艺术品收藏、马厩管理等无所不包。五姐妹每年聚会4~5次,第一个晚上进行家族交流,第二天则谈论生意。在投资经理和家族顾问的建议下,五姐妹在股东会议上会就投资方向进行激烈讨论。

1987年,五姐妹另外成立了一家平行于之前家族办公室的联合家族办公室——国际经济金融研究所(FERI),对外部家族开放,在经过了一系列的发展变迁之后,形成了现在著名的HQ Trust。

4. HQ Holding的效果

如今HQ Holding及旗下公司共管理着173亿美元的资产,而在多年前刚刚创立之初,管理的资产只有15亿德国马克。除此之外,家族全资控股的联合家族办公室成为匡特家族的事业新平台。

可以说,匡特家族哈拉尔德分支向我们展示了出售家族企业后的成功案例。对于后代不愿接班的家族企业,做好股权传承或出售实业,转换为金融资本,并将之发展为事业的新平台,无疑是个可行的方向。

■ 穆里耶兹家族办公室——CIMOVAM [1]

低调的穆里耶兹家族是欧洲家族企业中的佼佼者，世代信奉天主教的穆里耶兹家族拥有高度一致的信仰和核心价值观，以及十分优秀的治理架构。其采用家族治理模式，制定了许多联合条款，使家族成员有规则可遵循。穆里耶兹家族办公室是一家典型的控股型家族办公室。

1. 家族简介

穆里耶兹家族是法国家族企业中的杰出代表。路易斯·穆里耶兹在1900年白手起家，成立了一家名叫菲尔达的小纺织厂。随后大儿子杰拉德·穆里耶兹（Gerard Mulliez）和二儿子也先后加入公司，到20世纪末，菲尔达已成为世界顶尖的纺织品销售商，在各地拥有约1500家门店。积累了零售业的经验，29岁的杰拉德·穆里耶兹于1961年在鲁贝市开了一家杂货店——这就是零售帝国欧尚（Auchan）的起源。此后虽然遭遇种种挫折，在30年内，欧尚终成长为法国顶尖的零售商，并成为一家跨国公司。2013年，欧尚在12个国家开展业务并拥有17.5万名员工。

与此同时，吉拉德·穆里耶兹的族人们也在其他领域取得了惊人的成功：体育用品零售商迪卡侬、餐饮服务商Flunch和Pizza Pai、建材零售企业Leroy Merlin、家用电器零售商Boulanger等。2013年，穆里耶兹家族拥有的企业雇员高达36.6万人，年销售额超过660亿欧元，规模在欧洲家族企业中名列前茅。

2. CIMOVAM的设立目的

穆里耶兹家族的杰拉德·穆里耶兹为零售帝国欧尚的创始人，他有10个兄弟姐妹、13个子女。到2011年，穆里耶兹家族共有近800个成员。

在家族规模扩张的过程中，遇到了一系列棘手的难题：如何在投资新事业和发放足够红利之间保持家族财富使用的平衡？如何为家族内最具天赋的企业家提供足够的激励，又不至于牺牲其他成员的利益？如何吸引新一代家族成员为家族利益而从商？

---

[1] 本部分主要参考夏敏《五代传承的穆里耶兹家族》，《The LINK》，2013。

为解决这些问题，穆里耶兹家族设立了四大机构——即穆里耶兹家族联合会（Association Famililale Mulliez, AFM）、家族顾问委员会、家族最终控股公司（CIMOVAM）、家族特别私有基金。

3. CIMOVAM的运作

穆里耶兹家族通过家族联合会规定，所有家族成员在创立新企业或加入家族最终控股公司CIMOVAM之前都要经过严格的训练。只有通过训练并经家族联合会监事会批准后，才能加入家族联合会，并获得他们在CIMOVAM中的股份。CIMOVAM将穆里耶兹家族每个成员的利益和家族利益牢牢地捆绑在一起，确保家族利益置于个人野心之前。穆里耶兹家族具有卓有成效的接班人培养机制，固化了清晰的接班人培养流程、考核机制、选拔机制、淘汰机制等，避免了将家族及不同层级的家族企业"权杖"传给无能的后代。

穆里耶兹家族还规定了家族成员退出、冲突调解的程序以及家族宪法的修订法则。如果有成员要退出企业，应当提前告知家族顾问委员会，然后由家族顾问委员会事先评估好企业价值，再利用流动资金购买其股权。如果成员之间发生矛盾冲突，也可依照以下四个步骤按顺序进行调解：①成员沟通解决；②家族顾问委员会调解解决；③第三方介入；④如果最终协调未果，矛盾相关人员则可出售股权或离职。在新投资项目出现时，家族成员共同投资、共担风险、共享收益。此外，家族还设立了一支名为CREADEV的家族特别私有基金，来支持家族成员的创新行为，为家族成员开创新事业提供资金支持。

4. CIMOVAM的效果

CIMOVAM作为家族持股平台，实现了家族稳定控股和内部股权流动性的有效平衡。目前穆里耶兹家族已拥有16家公司，包括家族成员的创业公司和收购的外部公司。通过家族联合会，穆里耶兹家族控制了家族企业87%的股权，传承了欧尚和迪卡侬等世界500强企业，财富规模居法国第二位。穆里耶兹家族目前已经传承至第五代，家族成员超过1000名，600人持有家族企业的股份，这当中又有250人直接参与家族企业的经营。

穆里耶兹家族成功传承的经验彰显了家族办公室尤其是家族宪法的重要性，在共同的家族教义指导下，每个家族成员都可以成为家族企业的拥有者。为保障其他人的利益，没人有权利单方面更改自己的资产结构。无论在家族中处于什么地位，每一份股权都对应着家族中一份固定比例的财产。家族教义是家族凝聚力的重要保障，确保所有家族成员持有同样的价值观，甚至把其作为自己的信仰，确保家族利益永远高于个人利益。

亚太家族办公室服务运作案例

与欧美家族办公室的成熟运作相比,亚太家族办公室略显稚嫩,但是也有少数出色的案例值得借鉴。

■ 三星家族办公室——三星集团秘书室[1]

三星集团秘书室是最知名的家族企业内置型家族办公室。三星集团的业务涉及电子、机械化工、金融、生活服务等各类行业。自三星集团创立以来,这一家族企业已经由创始人李秉喆传到了第三代。在过去七十多年中,三星集团秘书室扮演了"李氏家族办公室"的角色,在增强家族凝聚力、协调企业和家族利益方面功不可没。

1. 家族简介

三星集团由李秉喆在1938年创办,是韩国最大的企业集团,也是韩国最重要的财阀。集团正处于第二代领导者李健熙(创始人三子)向其独子李在镕传承基业的"交接阶段"。其2013年以130亿美元的净资产排在福布斯全球富豪榜第69位,并长期占据韩国首富的位置。

---

[1] 本部分主要参考高皓、刘中兴、叶嘉伟《重权在握的三星集团秘书室:内置式家族办公室典范》,《新财富》2014年第2期。

2012年，三星集团销售额为2686亿美元，占同年韩国GDP的24%。Bloomberg的数据则显示，2012年末，三星集团的总资产为1629亿美元，市值达2273亿美元，占韩国股市总市值的18%——正因为三星对韩国经济产生了举足轻重的影响，许多韩国人将自己的国家戏称为"三星共和国"。三星集团旗下子公司的情况见附表1-4。

附表1-4 三星集团旗下子公司

电子	机械化工	金融服务	生活服务	其他
三星电子 三星SDI 三星电机 三星康宁高精密材料 三星SDS 三星显示 三星LED	三星重工 三星Techwin 三星道达尔石化 三星石油化学 三星精细化学 三星BP化学	三星生命保险 三星火灾海上保险 三星信用卡 三星证券 三星资产管理 三星风险投资	三星物产 三星C&T 三星工程 三星第一毛织 三星爱宝乐园 新罗酒店 杰尔思行 三星S1公司 三星医疗中心 三星经济研究所 三星生物制剂公司 三星Bioepis	三星人力开发院 三星人寿大众福利基金会 三星狮子棒球队 湖岩基金会 三星文化基金会 三星福利基金会 三星生命公益基金会

2. 三星集团秘书室设立目的

与美国企业所有权和经营权分离的趋势有所不同，韩国财阀倾向于由家族成员掌握企业经营权，以家族继承的模式确保企业的延续。秘书室内置于企业中，无家族办公室之名，行家族办公室之实，其主要目的是辅助管理庞大的三星集团。此外，由于三星集团已经广泛涉足不同的行业，分散投资的重要性下降，家族企业的经营成为第一要务。因此，其秘书室源于企业，又高于企业，既强化家族对企业的管控，同时又处理家族事务，协调企业和家族之间的利益，对集团的集权管理和家族治理起关键作用。

3. 三星集团秘书室的运作

三星集团秘书室成立于1959年，最初只是三星物产下的一个"课"（等同于中国的科级部门），只有20人，任务是帮助会长处理日常事务。经过几十年的发展演变（见附表1-5），2006年秘书室经历了全盛时期的250人，随后逐渐削减到100名以下，更名为"战略企划室"，为会长直属，是三星集团三角经营体制的核心——由会长布局长期发展战略，由"室"设计方案、分配资源和调整业务，由子公司具体实施。

附表1-5　三星集团秘书室的组织结构与发展历程

阶段			三星物产秘书课（1959年）	秘书室（1972年）	秘书室（20世纪80年代）	结构调整本部（1999年）	战略企划室（2006年）
职员人数			20	100	250	150	<100
下属分组结构		财务	投资资金管理	财务组	财务组	财务组	战略支援组(财务)
		人事	人力资源管理	—	人事组	人事组	人事资源组
		秘书	★	秘书组	秘书组	●	●
		企划	—	企划组	企划组	企划公关组	企划广告组
		公关		—	广告组		
		调查	—	调查组	调查组	监察组	战略支援组(经营诊断)
		监察		监事组	经营管理组		
		运营	—	营销组	质量安全组	—	—
				—	运营组		
					国际金融组		
					电算组		
		法务	—	—	—	法务组	●

注：●表明小组在该阶段为独立科室；★表明秘书室在该阶段无专门的独立小组，但仍承担该功能。

一般而言，秘书室有两种重要的职能，其一为企业管理与治理，其二为家族治理与传承。在三星集团，秘书室是主导集团实际业务的核心机构，是集团的中枢管理部门，负责整个三星集团的情报收集与企划、金融资源分配、决策管理、人事安排和经营诊断。其在三星内部有着"一人之下、万人之上"的地位。由于保管着会长李健熙的印鉴，秘书室代表着会长。与此同时，秘书室也致力于三星集团与李氏家族整体的发展，虽无家族办公室的名号，但是工作内容无不与家族办公室有关——在管理企业的同时，秘书室针对李氏家族的服务巨细靡遗，从礼宾护卫到衣食住行、从税务筹划到财富传承无所不包。

李健熙和他的儿女们都将住址选在首尔的梨泰院、汉南洞附近的风水宝地，通过秘书室的投资运筹，建立了名副其实的"李氏家族村"，其内部有三星经营的Leeum美术馆、专为李氏家族和三星经营团队服务的牙科医院等，使李氏家族足不出户就能获得最全面的服务。

秘书室也负责满足李氏家族的个人爱好。大学主修美术的李健熙夫人洪罗喜，每年会大手笔购入550亿～600亿韩元（约合3亿～3.5亿元人民币）的艺术品，这笔资金全部来自秘书室掌管的资金。三星秘书室的功能见附图1-6。

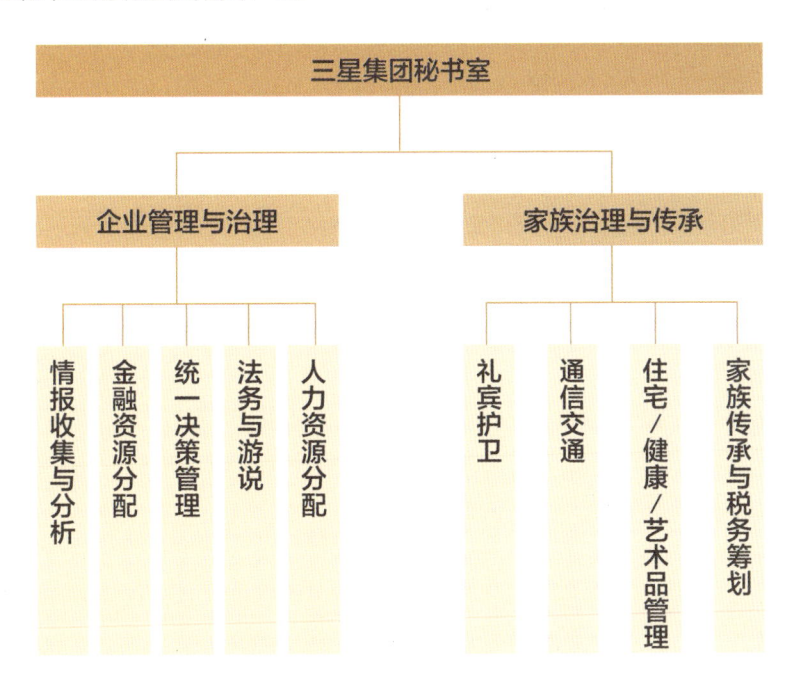

附图1-6　三星秘书室的功能

4. 三星集团秘书室的效果

首先，三星集团秘书室起到了集中决策、高效执行，提升金融资本的作用。作为一间管辖庞大集团的核心中枢，秘书室利用遍布世界的分支机构获取政治、经济情报，迅速进行决策和行动，并确保三星各分、子公司能基于家族的长远利益做出有利于企业发展的战略决策，并通过这一内置家族办公室的高效运转确保执行的效率。

其次，秘书室还承担了维护家族声誉、提升社会资本的责任。秘书室多次挺身而出，辅助家族渡过难关，从而获得李健熙的极高信任。如在三星汽车事业失败时，秘书室极力维护李健熙的形象，使其避免陷入经营失策的尴尬局面。

此外，秘书室还通过周密策划传承，起到了提升人力资本和家族资本的作用。在家族企业仍是家族主要资产的时候，企业的成功传承便是家族昌盛的根基。同时服务于家族与企业，三星秘书室在家族企业的传承上地位举足轻重。其首先要确定经营权的传承，对于股权结构如此复杂的三星集团，内置型家族办公室无疑是实施传承计划的最佳机构；其次，秘书室在政商两界长袖善舞，为家族和企业争取了政策上的优势，创造了有利于李在镕继承三星集团的政策环境；最后，秘书室通过对股权交易的操控，让李在镕以极低的成本获得了三星爱宝乐园的控制权，为接手整个三星集团打好基础。

秘书室在三星集团二代向三代传承的接班计划中也扮演了重要角色——李健熙之子李在镕在集团中的职业路线也由秘书室设计。李在镕在美国深造后进入集团，先被安排在关键位置，以帮他树立威信，为日后继承铺路。2001年他出任三星电子常务助理，2009年为三星电子副社长兼首席客户官，2010年成为三星电子的社长，2012年成为三星电子副会长。秘书室的财务组和法务组在传承的过程中，通过交叉持股的方法强化家族对企业的所有权，对李健熙的财产赠与进行设计，避免缴纳高达50%的财产赠与税。根据金勇澈在《三星内幕——揭开三星第一的真相》中的陈述，结构调整本部财务组通过精心设计的复杂运作，帮助李健熙巧妙地完成了所有权和经营权的转移。

秘书室除了负责对内的人事外，还为集团广纳良才，有"人才士官学校"之称，会聚韩国各界精英，为三星集团构建了庞大的人际关系网络。

三星集团秘书室根据家族传承目标、文化与价值观等内在因素的变化，以及家族企业所处产业、家族结构、代际演化、监管环境与社会思潮等外部环境的变迁持续不断地进行自我调整。作为典型的内置型家族办公室，三星秘书室不可避免地存在一些问题，但是不可否认，秘书室在三星集团的决策管理、李氏家族的家族治理与企业的传承上发挥了巨大的积极作用。

事实上,在受儒家文化影响较深的东亚,企业较普遍地采用内置型家族办公室模式,韩国的几大财阀乐金(LG)、现代、SK等均是如此。深入研究这种模式的发展演化过程及优势、劣势对我国家族办公室的发展具有重要的借鉴意义。

■ 邵逸夫家族办公室[1]

邵逸夫家族办公室运作体系可以说是必修的成功案例,其以慈善为主,由邵逸夫慈善信托基金、邵氏基金(香港)有限公司和邵逸夫奖基金会有限公司三部分组成,采用三位一体的运作模式。

1. 家族简介

邵逸夫原名邵仁楞,邵家八兄弟姐妹中,他排行第六,在旧上海时代人称"邵老六",来港后被尊称为"六叔"。他是著名的香港电影及电视制作人、娱乐业大亨、慈善家,香港电视广播有限公司荣誉主席,香港红十字会前会长。1958年,他在香港成立邵氏兄弟电影公司(以下简称邵氏兄弟),拍摄逾千部华语电影,另外他旗下的电视广播有限公司(TVB,惯称无线电视)也主导着香港的电视行业,多年来占据着收视领先地位。1977年,邵逸夫被英国女王伊丽莎白二世册封为下级勋位爵士,成为香港娱乐界获"爵士"头衔的第一人。

邵逸夫生前一直致力于慈善事业,历年捐助社会公益、慈善事务规模超过100多亿港元。内地及港澳台的多任领导人都曾表彰过邵逸夫对华人影视文化和华人社会的贡献。

2. 邵逸夫家族办公室的设立目的

邵逸夫与第一任妻子育有两子两女,原配过世十年后与方逸华注册登记结婚。由于其子女没有意愿接手家族企业,同时也为避免4个子女日后与方逸华争家产、闹家变,邵逸夫在有能力之时出售股份和地产套现,有计划地进行家产的安置与分配。

2009年,邵氏兄弟私有化退市。2011年,将邵氏兄弟以95亿港元卖给台湾宏达电子公司董事长王雪红、香港锦兴集团主席陈国强和私募基金Providence Equity Partners LLC组成的财团。同一年,邵逸夫同时将26%的无线电视股权出售给上述财团,邵氏基金(香港)有限公司则将2.59%的股权捐赠给数家教育及慈善机构,持股比例降至3.64%。此外,邵逸夫家族早年在香

---

[1] 本部分主要参考秦伟《邵逸夫家族信托化繁为简 家庭慈善二合一》,《21世纪经济报道》,2014。

港购入用作戏院的诸多物业也被陆续出售。

3. 邵逸夫家族办公室的运作

众所周知，邵逸夫是著名的大慈善家，其创立了邵逸夫慈善信托基金（下称"慈善信托基金"）、邵氏基金（香港）有限公司（下称"邵氏基金"）、邵逸夫奖基金会有限公司（下称"奖基金"），形成了一个完善的体系。邵氏家族办公室的架构见附图1-7。

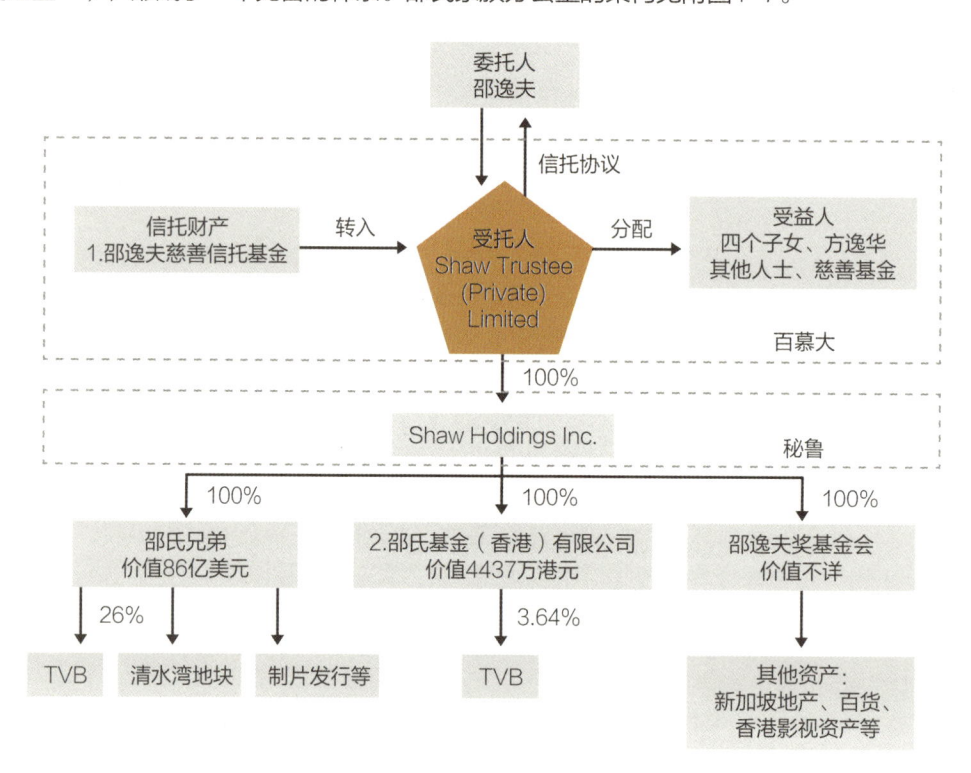

```
                        委托人
                        邵逸夫
                           │
                           │ 信托协议
                           ▼
信托财产          转入    受托人      分配    受益人
1.邵逸夫慈善信托基金 ───▶ Shaw Trustee ───▶ 四个子女、方逸华
                        (Private)           其他人士、慈善基金
                         Limited
                                                    百慕大
                           │ 100%
                           ▼
                   Shaw Holdings Inc.
                                                    秘鲁
         100%          100%              100%
           │            │                 │
           ▼            ▼                 ▼
       邵氏兄弟    2.邵氏基金（香港）   邵逸夫奖基金会
    价值86亿美元    有限公司            价值不详
                   价值4437万港元
    26%                    3.64%
    │  │  │                │              │
    ▼  ▼  ▼                ▼              ▼
  TVB 清水湾地块 制片发行等  TVB         其他资产：
                                          新加坡地产、百货、
                                          香港影视资产等
```

附图1-7　邵氏家族办公室的架构

邵氏基金是最常见的捐赠主体，至今捐出过百亿港元给教育和医疗领域，遍布大陆的"逸夫楼"基本均为该基金捐建。奖基金是为运营邵逸夫奖而成立的，每年奖励在天文、医学和数学上有卓越成就的学者，该奖被誉为"东方诺贝尔奖"。慈善信托基金就是媒体所称的"为儿女成立的信托基金"，是邵氏家族主要财产的最终持有者。

Shaw Holdings Inc. 是一个投资控股公司，注册在瑙鲁共和国（瑙鲁共和国位于南太平洋中西部的密克罗尼亚西群岛，是一个避税天堂）。2009年邵氏兄弟的私有化完成后，邵逸夫慈善信托基金全资控股Shaw Holdings Inc.。根据相关公告的合理推测，私有化后Shaw Holdings Inc.持有邵氏兄弟100%的股权（已经变现），也持有邵氏基金100%的股权，同时也可能持有邵逸夫奖基金会的全部股权。可以说邵逸夫慈善信托基金汇聚了邵氏家族的全部财产。

邵逸夫慈善信托基金的受托人为 Shaw Trustee（Private）Limited，其于1995年5月26日注册于另一个避税天堂百慕大群岛，委托人为邵逸夫本人，受益人则包括 Shaw Trustee（Private）Limited根据信托契约挑选的任何人士或慈善团体。据估计，Shaw Trustee（Private）Limited运营的资产规模达百亿港元。邵逸夫的四个子女和妻子方逸华（邵逸夫慈善信托基金的主席）极有可能是该信托的受益人。

4. 邵逸夫家族办公室的效果

Shaw Trustee（Private）Limited的运作以家族资产的增值与保值为目标，部分收益传承给子孙后代，其余很大一部分财富用于慈善事业。与隐去的家族产业相比，慈善反而成为邵逸夫的有形资产，以另一种方式传承于世人。

其慈善捐赠情况见附图1-8。

"慈善帝国"的扩张

邵逸夫的慈善机构

邵氏基金 The Shaw Foundation Hong Kong
慈善信托基金 The Sir Run Shaw Charitable Trust
奖基金 Shaw Prize Foundation

- 500港元　1970年，第一次捐款失败。传闻给养老院捐500港元，嫌少被退回
- 50万港元　1973年，第一笔捐赠。捐50万港元给香港"苏新公学"建图书馆
- 1亿港元　1985年起，平均每年向内地捐1亿多港元
- TVB股份　2011年，将2.59%的TVB股份转给教育及慈善机构
- 教育捐赠　1970年至2012年（与教育部配合）

捐款总额　47.5亿港元
涉及省份　27个
捐款项目　6013个教学楼、图书馆、科技楼、研究中心

附图1-8　邵逸夫的慈善帝国

三十多年来通过邵氏基金，邵逸夫共向内地捐赠了近50亿港元，兴建了6000多个教育和医疗项目。以"逸夫"两字命名的教学楼、图书馆、科技馆及其他文化艺术、医疗设施遍布中国内地。2002年，其捐资创立被誉为"东方诺贝尔奖"的"邵逸夫奖"，每年颁发高达300万美元奖金，表扬、资助全球造福人类的杰出科学家。

为嘉许他的慈善贡献，旧金山政府在1988年宣布每年的9月8日为"邵逸夫日"。1990年，中国科学院为了表彰他为中国教育事业做出的贡献，将中国发现的2899号小行星命名为"邵逸夫星"，这是国内第一次以当代人物的名字给小行星命名。

邵逸夫并非香港最有钱的人，却是屈指可数的大慈善家。可以说，他在香港的影响力源自他的影视王国，而他在内地的口碑则主要是因为他的慈善捐赠。矗立于中国各地的逸夫楼是对邵逸夫先生最好的纪念，是其慈善精神的传承，同时也激励着更多的富豪投身于慈善。香港社会称赞道，或许数百年后，今日陷于争产的富豪都已湮没无闻，但邵逸夫的慈善事业仍会为人所熟悉。

在香港的200多家上市家族公司中，约有1/3的企业通过家族信托的方式控股，除了邵逸夫外，还有李嘉诚、李兆基、郭德胜、刘銮雄、杨受成等。例如，李嘉诚就设立了至少4个信托基金分散持有旗下公司的股份，并对每个信托基金指定了受益人。家族信托基金已经成为老一代香港富豪解决遗产问题的普遍选择。

第三部分

中国超高净值家族为什么需要家族办公室

The reasons for China's ultra-high net worth clients establishing family offices

在我国民营家族企业"老一代"向"新一代"移交"权杖"的过程中,如何保证家族企业的绵延永续,真正实现"前人栽树,后人乘凉",而不至"富不过三代",是不得不直面并深思的问题。

改革开放后,我国的民营企业家抓住了我国工业化和城市化快速推进的历史机遇,创造了辉煌的民营经济,成为中国三十多年经济发展奇迹的重要组成部分。目前,中国民营经济的贡献超过GDP总量的60%,成为中国经济发展和创新驱动的活力源泉。

在这一历史大潮的推动下,我国的民营企业家们积累了巨大的财富。然而,如今我国经济步入"新常态",经济增速下行压力较大;同时大多数企业家已经步入退休年龄,普遍面临家族企业转型与财富传承的双重挑战和问题。

中国民营家族企业转型升级面临严峻挑战

目前中国的家族企业正面临着两个变化:一是中国经济增速变缓,导致企业单纯依靠扩大再生产和投资驱动的发展模式难以为继;二是技术革新导致市场格局发生巨大变化,企业必须转型创新才能保证持续发展。同时,恰恰在这个关口,我国民营企业家群体开始面临"老一代"向"新一代"移交"权杖"的关键性十年。

对于中国民营企业家群体而言,在企业转型的过程中,如何保证家族企业的绵延永续,真正实现"前人栽树,后人乘凉",而不至于"富不过三代",是他们不得不直面并深思的问题。具体来说,当今中国民营企业转型升级面临的主要挑战集中于内部、外部两个方面。

■ 外部挑战:依靠低要素成本缺乏核心竞争力,难以应对环境变化

改革开放以来,我国民营经济蓬勃发展,在推动国民经济发展、增加财政收入、解决新增就业、促进对外贸易方面做出了巨大的贡献。然而,随着中国经济发展进入新常态,我国民营经济的发展遇到了诸多问题,其中首要问题是企业的发展建立在低要素生产成本的基础上,缺乏核心竞争力。而核心竞争力的缺乏,使得我国民营企业难以应对外部环境的变化。

长期以来,我国的民营企业多分布于服装、鞋类、玩具、五金等劳动密集型产业,以及钢铁、水泥、煤化工等资源密集型产业。在这些产业中,大部分民营企业高级生产要素的配置比

例较低，产品的综合质量和创新能力不足，而且没有足够的品牌优势。同时，目前我国经济发展的人口红利趋弱，劳动力成本不断攀升，民营经济融资难、融资贵的问题日益突出，环保压力也不断加大。同时，近些年人民币实际上持续升值，致使我国相当一部分出口型民营企业的低成本优势被严重削弱。综合国内外各方面因素，当下我国民营企业面临的形势非常严峻，转型升级迫在眉睫。只有加快转型升级，向产业价值链高端延伸，消化经营成本上涨的压力，形成自身的核心竞争力，我国民营企业才能真正摆脱目前的困境，恢复持续快速发展的动力。中国企业家调查系统的调查显示，人力成本和原材料成本的上升，已经成为影响我国企业稳定、持续发展的主要因素。对当前企业影响最大的成本因素如表3-1所示。

表3-1 对当前企业影响最大的成本因素　　　　　　单位：%

类型	人力	原材料	税费	资源与能源	流通成本	土地成本	环保成本
总体	49.3	17.5	12.9	8.5	4.3	4.3	2.3
东部地区企业	50.8	16.0	13.6	7.7	4.1	4.0	2.6
中部地区企业	44.8	21.6	11.9	9.8	5.4	4.3	1.8
西部地区企业	47.6	18.4	11.0	10.6	3.9	5.7	2.1
大型企业	47.4	15.6	12.3	9.7	6.7	3.9	3.6
中型企业	49.1	16.6	12.0	10.0	4.5	4.5	2.9
小型企业	49.3	18.4	13.5	7.5	3.9	4.3	1.8
国有及国有控股公司	50.8	17.7	6.6	11.9	5.8	4.5	1.9
外商及港澳台投资企业	49.4	23.5	14.7	4.7	2.9	0.6	2.4
民营企业	48.9	17.3	13.3	8.6	4.0	4.6	2.4

数据来源：2013·中国企业经营者问卷跟踪调查。

■ 内部挑战：现代企业治理制度构建和家族企业传承难题

大多数民营企业家一直以来都希望自己一手创立的企业能在自己的家族中传承绵延，然而这一愿望面临两方面的难题。一方面，"家天下"难以适应当今现代企业管理的需要；另一方面，家族企业还面临继承后股权分散的风险。

制度优势是我国民营企业在发展早期区别于国企的重要特征。在民营企业发展早期，企业规模较小、业务相对简单，相比于受体制束缚的国企和风控严格的外企，民营企业可以更好地适应市场变化，率先抓住市场机遇，快速制定战略并落实。但随着规模的扩大，业务复杂程度的增加，容错空间不断减小，一些民营企业的治理陷入困境，民营企业灵活决策、高效执行的优势逐渐消失。

现阶段我国部分民营企业仍然保持着个人决策的粗放式管理，想要转型建立现代企业管理体系面临严峻的挑战。一方面，老一代企业家的知识结构可能已经不适应企业发展的需要；另一方面，大股东一股独大也使得职业经理人的职权受限，无法对高管人员形成很好的激励机制，从而限制了企业的创造力，导致企业制度缺少变化的活力和动力，造成企业难以建立完善的治理机制，构成企业转型升级的障碍和挑战。

除此之外，大多数民营企业家在分配家族企业股权的时候也面临着特殊的困境。其一，当继承人多于一人，并且股权作为继承财产分配时，家族对企业的控制权将被分散，甚至极有可能外落旁人之手。其二，部分企业家子女不愿继承父业，而是选择开辟自己的事业。因此，如何合理地安排公司架构以规避企业继承面临的这些风险，是我国民营企业家需要谨慎思考的问题。

家族办公室
是中国超高净值家族财富管理和传承的必然选择

家族办公室是世界范围内超高净值家族财富传承的必然选择。对于中国的超高净值家族企业而言，创设家族办公室还能够通过家族信托制度妥善解决企业转型升级过程中的传承问题。

■ **家族办公室是助推民营企业转型升级的有力工具**

对于现阶段的中国民营企业而言，在外部面临企业转型升级的巨大压力，在内部面临家族企业传承的困境，较为稳妥的解决方法是将家族信托制度和职业经理人制度相结合，依托家族办公室，通过家族信托的制度设计，将股权整体作为信托财产来整体系统地安排家族企业和家族财富传承。在设立信托时，可以具体约定，当继承人满足委托人事先确定的企业管理的胜任条件时，允许其参与或主导企业的管理，否则只能作为受益人享有单纯的经济利益。除此之外，民营企业家还可以设立隔代继承信托（信托本金与受益相分离），由子辈的人来享受收益，由孙辈中德才兼备的人享有本金所有权，从而确保家族企业能够代代相传。

其实，对中国人而言，负责管理家族财富的家族办公室概念其实并不陌生，其运作模式在某种程度上与中国古代名门望族家中的"账房"类似，但账房除了运营家族企业之外，还要处理家族内部事务。事实上，当前中国仍有许多"账房式"的家族办公室，这类机构并未从家族企业中被剥离，企业的高级管理人才与"账房"相似，他们在运营企业的同时，为家族成员提供各式各样的私人服务。

■ **家族办公室是"家人不能继承产业"的预案准备**

家族企业由家族核心成员继承是一个美好的愿望，但这种愿望实现的概率并不高，反而是家人无法接班的案例屡见不鲜。接班失败的常见原因如下：①"接班人"兴趣不在家族企业，希望进入其他行业；②参与企业经营过于辛苦，"接班人"更希望直接继承财富；③大多数"接班人"都有境外学习经历，在习惯国外的生活环境后，不愿再回国工作；④"接班人"由于年龄、能力等原因无法胜任家族企业的管理工作。

因此，对于当今的中国超高净值家族而言，通过制度设计安排家族成员逐步退出家族企业，而让各领域的专业人士逐步参与家族财富的管理，是非常必要的。中国的家族企业最初是依靠创始人的亲缘关系来延伸管理半径的，这种管理模式在企业的初创阶段与早期阶段对于减少风险和成本是很有益的。然而，当家族企业发展到足够的规模之后，资产类型和管理架构都变得日益复杂，单纯依靠亲缘关系来管理企业已经无法成行。在这个时候，企业家可以考虑选择专业人士来管理家族财富，而对于家族成员而言，可以选派合适的代表轻度参与家族企业以及家族其他资产的管理。这种模式在西方已经被证明是成功可行的，也是西方超高净值家族财富传承过程中的常见形态。

故而，"悲观"地说，长期来看将巨额的家族资产完全由家族成员来管理，是一个不现实的愿望。而家族办公室的设立，能让家族成员轻度参与家族财富的管理，同时又能借助家族办公室所拥有的专业人士与外部资源，妥善地管理好家族财富。

■ 家族办公室是家族资产多元化配置的理性选择

在过去的20年里，许多中国企业家都在企业具备一定规模后选择扩张，向"公司集团化"和"行业多元化"方向发展。不可否认，因为走向综合而进一步做大家族企业的，不乏成功的案例，但也有不少家族企业因贸然进入陌生领域经营不善，最终拖累主业——集团化、多元化可能并不是一条必然成功的道路。因此，企业家可以依靠家族办公室对家族资产进行多元化配置，同样可以达到相似的效果。通过成立家族办公室，超高净值家族客户可以将家族的部分资产从主业中分离出来，聘请专业人士专门管理，逐步进入其他行业，间接实现家族资产的多产业、多行业配置。或者在主业不景气的时候，将这笔资产进行纯粹的金融资产投资，以等待更合适的产业投资机会。

建信信托委托国际金融标准理财委员会（中国）进行调研，其出具的《中国家族办公室服务需求和认知调研报告（2016）》结果显示，中国超高净值家族的投资方向过于集中，并没有采取有效的资产配置与管理方式。如图3-1所示，大部分超高净值家族的投资方向主要集中于银行理财产品、信托产品、境内房产、存款和现金、股票，整体来看属于传统成分。未来，中国超高净值家族可以依靠家族办公室在境外房产、基金、阳光私募、艺术品、境外金融产品等方面有所涉及，帮助超高净值家族实现资产的多元化配置。

超高净值家族主要投资方向见图3-1。

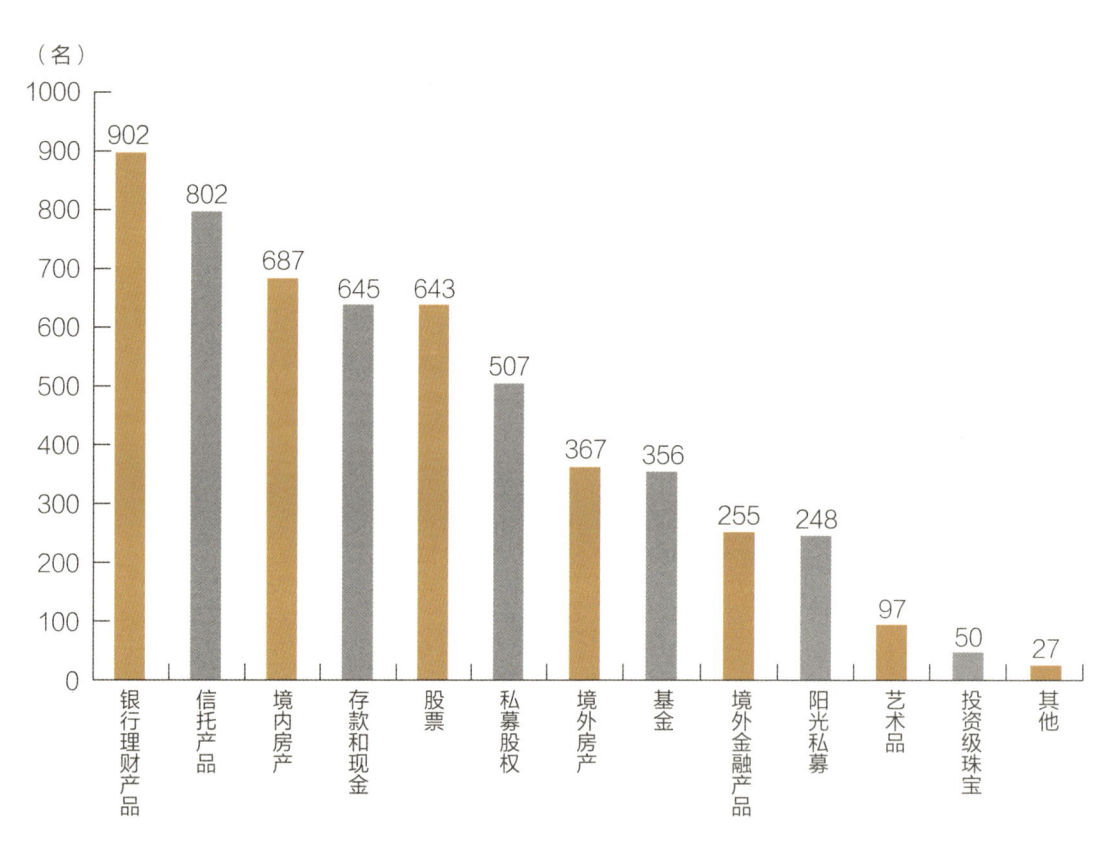

（名）

投资方向	数量
银行理财产品	902
信托产品	802
境内房产	687
存款和现金	645
股票	643
私募股权	507
境外房产	367
基金	356
境外金融产品	255
阳光私募	248
艺术品	97
投资级珠宝	50
其他	27

图3-1 超高净值家族主要投资方向

资料来源：《中国家族办公室服务需求和认知调研报告（2016）》。

■ **家族办公室是对职业资产管理人文化的认可**

　　超高净值家族以设立家族办公室的方式，将部分资产交给职业资产管理人来管理，有利于培养家族企业、家族成员对职业资产管理人文化的认同。从长远来看，由家族成员管理并传承的家族企业是凤毛麟角的，绝大部分家族都需要专业人士的介入。而通过设立家族办公室，先将主业之外的资产交给职业资产管理人来管理，将其管理权限限制在特定的资产规模内，一方面风险可控，另一方面有助于家族成员对职业资产管理人及其文化的认可与接受。家族企业通常是某些行业的翘楚，但在资产管理方面很可能是外行——由家族办公室的专业投资人士代理投资的收益率要远高于家族成员自主投资。家族办公室在全面了解一个超高净值家族的偏好的基础上，能够帮助它们更好地配置资产。

当前中国的超高净值家族最关切的主要问题

　　根据建信信托委托国际金融标准理财委员会（中国）撰写的《中国家族办公室服务需求和认知调研报告（2016）》的结果，大部分中国的超高净值家族格外关心财富管理与传承、家族企业持续经营、家族风险管理（见图3-2）等内容。从实际需求出发，在创设与运营中国的家族办公室时，其服务的重心、结构以及设计的执行方案都应该围绕上述核心问题展开。

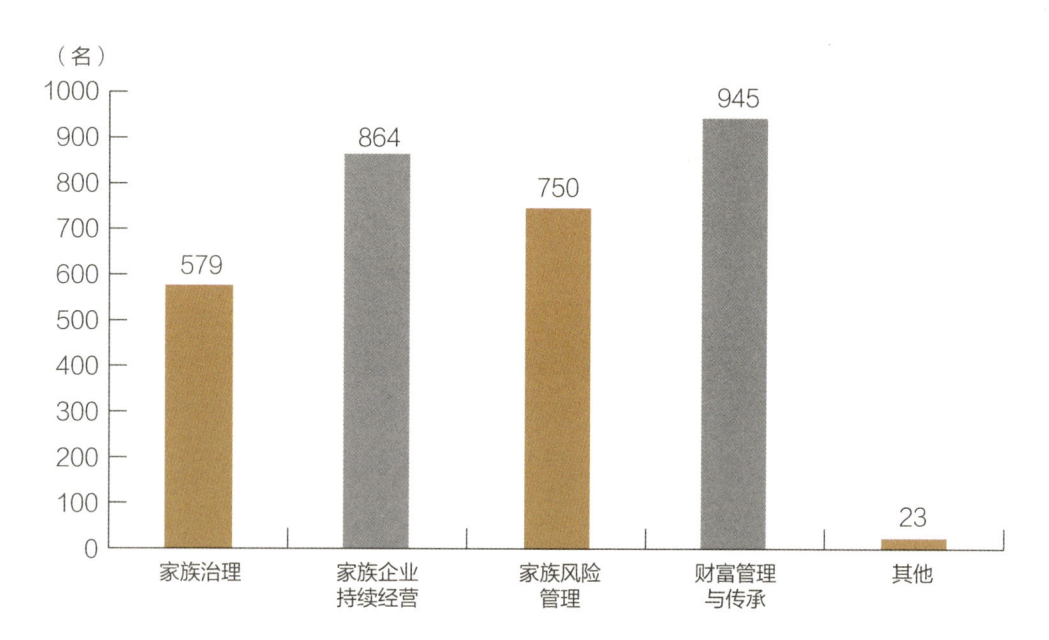

图3-2 超高净值家族对家族办公室服务种类的偏好

类别	人数（名）
家族治理	579
家族企业持续经营	864
家族风险管理	750
财富管理与传承	945
其他	23

资料来源：《中国家族办公室服务需求和认知调研报告（2016）》。

■ 家族财富管理与传承

在西方，金融产品及工具的开发更为成熟，能够充分运用资产组合帮助客户实现预期的风险和收益。而中国的情况则不同，中国超高净值家族所积累的大部分财富是其经营公司的股份或营运资金。因而，中国家族办公室的财富管理实际上是与家族企业紧密相连的，不仅要考虑家族财产的保值增值，而且要考虑家族企业的融资问题以及控制权问题。

此外，中国的家族办公室在家族财富管理上还应注意以下要点：

第一，家族办公室资产管理的目标是为家族的后代保留充足的财富。因此，长期稳健的收益比短期的获利更加重要。而且，不同于普通的资产管理中可能存在的赎回压力，家族办公室的资产完全来源于家族成员，因此不存在赎回之说，只有替换管理人的可能性。

第二，家族办公室的资产管理需要注重投资收益的分配。虽然投资收益的分配并不是投资团队直接的责任范围，而通常由家族委员会或者专业律师来协助确定投资收益的分配方案，但是投资团队在投资的期限错配等方面需要关注投资收益分配的需求。

第三，家族办公室的资产管理需要结合税收筹划。虽然当前国内个人所得税的规定还相对简单，但结合资产全球布局导致国际税收的问题后，综合纳税、抵扣损失与开支等问题就变得十分复杂。因此，家族办公室在进行资产管理时，特别是管理不同类型的资产时，需要综合考虑不同的资产布局给家族成员带来的税收负担。

■ 家族企业持续经营

目前，中国相当多的民营企业正处于转型升级的关键时期，民营企业家一方面发现"一言堂"的管理模式已经不再适合公司发展的需要，另一方面又面临着分散股权的公司治理结构的挑战。妥善安排公司股权成为决定企业未来发展的关键问题，因此也应当是家族办公室的工作重点。

在经历了30多年的改革开放之后，大多数民营企业面临企业继承交接的问题，如果选择下一代接班，则极易在不同家族成员之间产生股权纠纷；如果下一代不接班，又要面临辛辛苦苦打下的江山无人继承的窘境。正因为如此，在中国的家族办公室中，企业继承计划是一项非常重要的任务，要为家族事业制订接班计划，确立接班人的激励机制，并安排一些措施保证不参与公司日常运作的家族成员亦能参与重大事宜的决策等问题是家族治理议程中的重中之重。

■ 家族风险管理

长期以来，中国的民营企业家一直将拓展业务放在首位，而风险防控意识比较薄弱。随着我国经济进入"新常态"，民营企业发展面临的挑战和风险越来越多。建信信托委托国际金融标准理财委员会（中国）进行的调研结果显示，超高净值家族普遍表现出希望加强风险管控的意愿。一般而言，超高净值家族可能面临的风险因素主要有以下几个。

其一，紧急预案的缺失。人生在世难免会遭遇各种类型的意外情况，因此，欧美的家族办公室大多会制定针对家族财富及家族企业的紧急情况处置预案，涉及家族财富的继承权、企业股权的分配、董事会安排等关键性问题。一旦超高净值家族的掌舵人或其配偶遭遇意外情况，紧急预案会立即启动。而目前我国的超高净值家族在这方面少有明确安排，一旦掌舵人遇到意外，企业接班、财富继承等问题一涌而出，家族纷争与经营混乱难以避免。

其二，子一代婚姻的风险。由于我国长期实行计划生育政策，民营企业家继承人为独生子女的可能性很高。按照法律规定，在婚姻存续期间继承的股权属于夫妻共同财产，一旦发生婚变，这些股权将被分割，由于继承人只有一人，家族企业极容易因此而脱离家族的控制，风险极大。

其三，股权模糊不清的风险。有相当一部分民营企业是从国有企业或集体企业转制而来的，这种情况极容易造成企业的股权不清。另外，代持股的情况也十分普遍，存在潜在的法律风险，比如一旦代持股东的经济状况出现问题从而发生债务纠纷，代持股权极有可能被法院冻结。

其四，子代外籍身份影响接班。在家族企业的子代中，大部分人拥有留学经历，部分人甚至拥有外籍身份。由于我国法律不承认双重国籍，且在某些产业中限制外商投资，因此，家族企业在将股权登记到外籍子女名下时可能会遭遇困难。

其五，家业和企业未做隔离。由于将家族企业视为私有财产，很多民营企业家往往家、业不分离，人事混同、财产混同、财务混同。这样企业往往会以家族财产作为抵押担保，而当企业面临经营风险时，十分容易追溯到家族财产，造成家族财产流失。

创富容易守富难。如何成功地管理好各种家族风险，是超高净值家族和家族办公室必须考虑的重大课题。

■ 家族治理

当家族企业发展到一定规模、成为区域性的重要家族时，家族形象管理的重要性也日益凸显。家族办公室作为专业机构，在维护家族形象、管理家族慈善活动方面也具有独特的优势。

一般而言，家族形象管理涉及家族慈善事务、负面事件公共关系管理、家族个别成员形象宣传与新闻管理、媒体联系与沟通等。在诸多家族形象管理的事务中，家族慈善事务与家族办公室的联系最为密切，家族办公室可以通过慈善信托的方式帮助超高净值家族进行慈善资产的投资、管理、分配与捐赠。

根据建信信托委托国际金融标准理财委员会（中国）进行的《中国家族办公室服务需求和认知调研报告（2016）》的结果，当今中国很多超高净值家族都对慈善活动抱有非常浓厚的兴趣，并愿意投身其中。超高净值家族对慈善活动的看法见图3-3，其参与慈善活动的方式见图3-4。

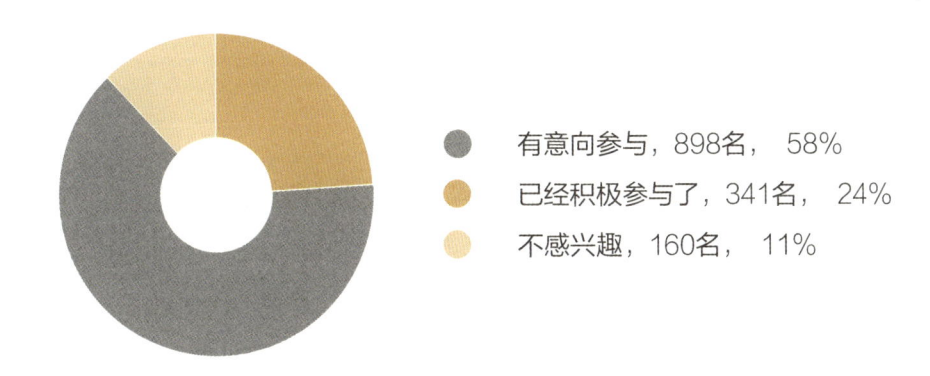

图3-3 超高净值家族对慈善活动的看法

资料来源：《中国家族办公室服务需求和认知调研报告（2016）》。

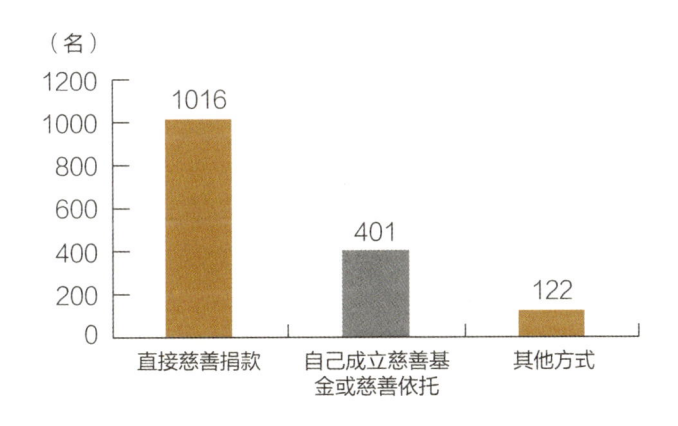

- 有意向参与，898名，58%
- 已经积极参与了，341名，24%
- 不感兴趣，160名，11%

图3-4 超高净值家族参与慈善活动的方式

- 直接慈善捐款：1016
- 自己成立慈善基金或慈善依托：401
- 其他方式：122

2016年9月1日正式生效的《中华人民共和国慈善法》（以下简称《慈善法》），不仅为个人参与慈善事业提供了便利，而且也为我国慈善信托的发展奠定了基础。一方面，《慈善法》推出了慈善信托备案制度，只要在法律规定的期限内及时报备，不再需要通过审批；另一方面，《慈善法》也规定了慈善信托的主管部门。在慈善信托的法律地位得以明确的前提下，超高净值家族客户可以通过家族办公室设立慈善信托，充分利用慈善信托设立简便、运作灵活、管理专业、财产独立的优点，开展慈善活动，从而避免部分慈善机构运行不透明、公信力不足、外部监督失衡等问题。

■ 家族艺术财富管理

近年来,艺术品收藏也开始逐渐进入我国超高净值家族的视野。收藏艺术品对于一个家族的财富保值增值和财富代际传承起到了积极的作用。首先,艺术品具有唯一性,这是它区别于其他商品最重要的特殊属性,稀缺性保证了艺术品的价格会随着时间的累积保持增长。其次,艺术品是实物资产,是可传承的、具有文化价值和历史价值、人类在特定历史时期创造的实物遗存。再次,超高净值家族选择收藏艺术品会充分体现一个家族的文化价值观和艺术品位,艺术品的收藏也是进入高级文化圈的身份名片,同时也彰显一个家族的社会地位。最后,艺术品作为一种资产类别,与股票、债券、黄金、期货等资产的关联度较低,因而是一种非常理想的避险投资品种,适合在家族资产配置中以合适的比例纳入。基于艺术品具有以上几种特性,它应该被列入家族资产配置的选项。

具体而言,艺术品对家族财富管理和传承有四个方面的作用。

(1)消费使用。超高净值家族在完成财富积累之后,其需求也会不断改变。在创造财富之后,超高净值家族必将寻找与自身社会地位匹配的象征物,而艺术品恰好能有效凸显超高净值家族的社会身份。

(2)资产配置。在当今经济放缓的大背景下,私人财富的资产配置迫切需要能够带来保值和增值的资产类型,而艺术品具有保值和稳定增值的属性,使它能够对冲整体资产中其他类型资产的负收益,从而平衡整体资产的收益。一定比例的艺术品配置对于超高净值家族整体资产的安全性有很好的保障作用。

(3)家族传承。艺术品是一种有形的实物资产,因而高质量的艺术藏品和艺术资产往往可以成为一个家族代代相传的物品。艺术品不仅仅是家族物质上的传续和继承,而且能体现一个家族的价值观和审美品位。

(4)税务筹划。在欧美,企业购买艺术品或者个人将购买的艺术品捐赠给公共的美术馆、博物馆,会给企业和捐赠艺术品的个人提供税务的减免。因而,很多欧美的家族都利用自己的企业开展艺术品收藏或者通过捐赠艺术品的方式实现税收减免的目的。

目前,国内自贸区发展得如火如荼,上海自贸区就将艺术品相关服务作为重点项目加以发展,为客户在境外购买的艺术品提供仓储服务,同时减免进口关税,为艺术品在国际市场的进出和交易提供了极大的便利。

附录2　中国家族办公室服务需求和认知调研报告（2016）[①]

调研报告简介

■ **调研背景**

随着中国高净值人士和家族数量的增加，家族办公室业务越来越受到关注。由于家族办公室在中国是一个新生事物，业内人士和社会大众对它的了解处于初级阶段，所以迫切需要对它进行深入研究，以促进该行业的健康发展。为此，建信信托有限公司发起了中国家族办公室发展研究项目，邀请国际金融理财标准委员会（中国）对家族办公室开展一项全国性的调研。这项调研的目的，不仅是为了解家族办公室目标客户的行业分布、资产规模、投资偏好以及关注热点等问题，更重要的是进一步了解他们对家族办公室服务的需求和认知程度，以及影响他们选择家族办公室服务的关键因素，为开展家族办公室业务提供参考和指导。

■ **调研机构**

国际金融理财标准委员会（Financial Planning Standards Board，FPSB）是一个非营利组织，是金融理财领域专业人士的全球职业标准制定机构，FPSB China是FPSB在中国内地的唯一代表。自2004年CFP体系被引入中国以来，FPSB China及其授权机构为社会培养

[①] 本报告由建信信托委托国际金融理财标准委员会（中国）完成。知识产权归国际金融理财标准委员会（中国）和建信信托共同所有。

了大量的金融理财专业人士。截至2015年底，累计培训人数超过100万，其中CFP系列培训近40万人，认证总人数超过20万。5000万以上的金融消费者享受到了CFP系列资格持证人的优质专业服务，1100余家金融机构将持有CFP系列资格认证证书认定为入职、上岗和晋升的重要条件之一。FPSB China已经成为中国财富管理从业人员的最大自律组织，对推动中国金融理财行业的发展起到了巨大的作用。

此次调研的对象是作为CFP系列资格认证持证人的理财师群体，并通过理财师对相关问题的回答来间接地了解客户的情况以及客户对家族办公室业务的态度。2016年7月，FPSB China将调查问卷发送给全国26948名CFP系列资格持证人，覆盖了所有省份，最终收回有效问卷4354份，回收率为16.16%。所有理财师都是一线的从业人员，因此这也是国内首次从理财从业人员的视角来了解家族办公室需求和发展状况的调研。

■ 调研主要结果

本次调研表明，家族办公室业务在中国认知程度仍然较低，但未来具有极高的发展潜力。

目前，理财师和客户对家族办公室业务的了解程度都比较低。以管理客户家族资产超过5亿元的持证人反馈的数据为例，有超过70%的理财师表示其对家族办公室没有深入的了解，而他们的客户则有将近9成不了解家族办公室业务。

持证人反馈的数据显示，在他们所管理的家族客户中，超过90%的客户年龄超过40岁，其中大部分是上市公司或非上市公司的实际控制人或股东。客户所在行业分布广泛，但以房地产业最为集中。客户最关心的两个问题是财富保障和传承，而"创造"财富已经不是客户关心的主要问题。在投资决策时，聘请专业机构或专业人士是客户最可能选择的方式，当然客户的自主决策也起到了重要的作用。在具体的投资方向上，较多人会选择银行理财产品和信托产品进行投资。在已经接受家族办公室服务的客户中，财富管理与传承、家族企业持续经营是他们最为关注的两项业务。此外，有大部分客户对慈善活动感兴趣，儿童教育和灾难救助是他们最为关心的两个部分。

客户家族资产超过5亿元的情况分析

■ **客户家族资产规模是否超过5亿元**

数据显示,在完成问卷的所有4354名持证人中,有1399名(占比为32.13%)持证人表示其客户中有家族资产(含金融产品、公司股权、房产等)超过5亿元的(见附图2-1、附表2-1)。

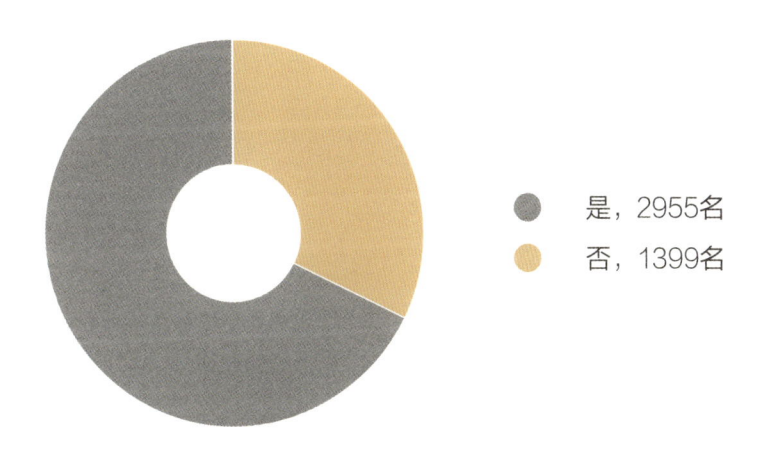

● 是,2955名
● 否,1399名

附图2-1 客户家族资产是否超过5亿元

附表2-1 客户家族资产是否超过5亿元

客户家族资产是否超过5亿元	计数(名)	比例(%)
是	1399	32.13
否	2955	67.87

■ 家族资产超过5亿元的客户数量区间分布

有1~2位客户家族资产超过5亿元的持证人最多,达到920名,占比为65.76%(见附图2-2、附表2-2)。

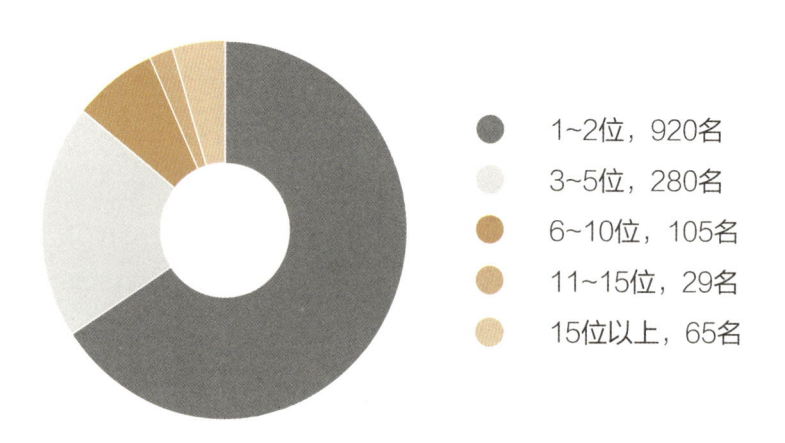

- 1~2位,920名
- 3~5位,280名
- 6~10位,105名
- 11~15位,29名
- 15位以上,65名

附图2-2 家族资产超过5亿元的客户数量区间分布

附表2-2 家族资产超过5亿元的客户数量区间分布

家族资产超过5亿元的客户数量区间分布	计数(名)	比例(%)
1~2位	920	65.76
3~5位	280	20.01
6~10位	105	7.51
11~15位	29	2.07
15位以上	65	4.65

■ 客户投资决策方式

数据显示，客户可能会选择一种以上方式进行投资决策。聘请专业机构为最受欢迎的投资决策方式，其次为聘请专业人士，再次分别为客户本人制定投资决策、客户家人制定投资决策、客户秘书或生活助理帮忙制定投资决策，最后为其他（见附图2-3）。

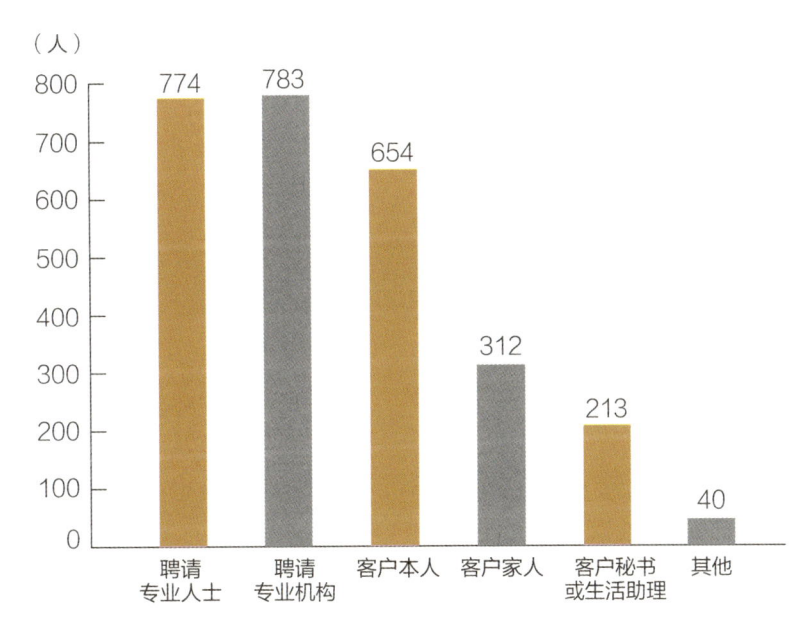

投资决策方式	人数
聘请专业人士	774
聘请专业机构	783
客户本人	654
客户家人	312
客户秘书或生活助理	213
其他	40

附图2-3 客户投资决策方式

客户的年龄分布

根据参与调研的持证人所提供的数据，按客户年龄划分，占比最大的为41~50岁的客户（666人，占比为47.60%），其次为51~60岁的客户（572人，占比为40.89%），再次是31~40岁的客户（99人，占比为7.08%）、60岁以上的客户（56人，占比为4.00%），20~30岁以上的客户（6人，占比为0.43%），见附图2-4。

附图2-4 客户的年龄分布

客户的身份

数据显示，持证人所服务的客户中多数有多重身份，其中身份为非上市公司实际控制人或股东的人数最多，身份为上市公司实际控制人或股东的人数次之（见附图2-5）。

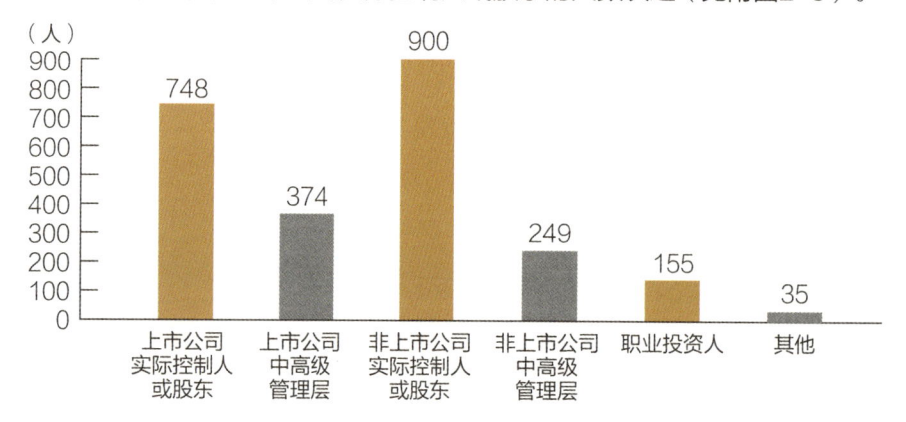

身份	人数
上市公司实际控制人或股东	748
上市公司中高级管理层	374
非上市公司实际控制人或股东	900
非上市公司中高级管理层	249
职业投资人	155
其他	35

附图2-5 客户的身份构成

- **客户所在行业分布**

数据显示，持证人所服务的客户主要在房地产、制造业、多元金融、制药与生物科技、贸易等领域经营，其中从事房地产行业的客户最多（见附图2-6）。

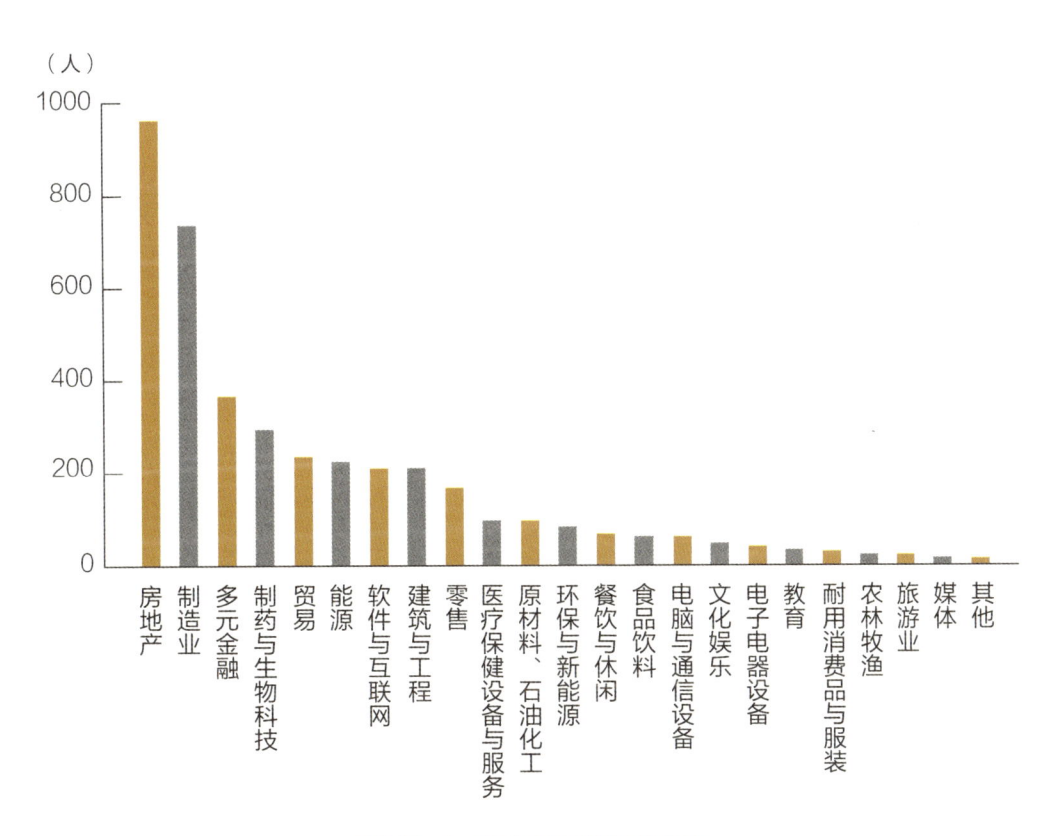

附图2-6 客户所在的行业分布

■ **客户关心的问题**

数据显示，客户最关心的两个问题分别是财富保障和财富传承。接下来是创造更多财富、个人事业/家族企业进一步发展和子女教育。对于高品质生活、家族关系和谐、慈善等则关注不太多（见附图2-7）。

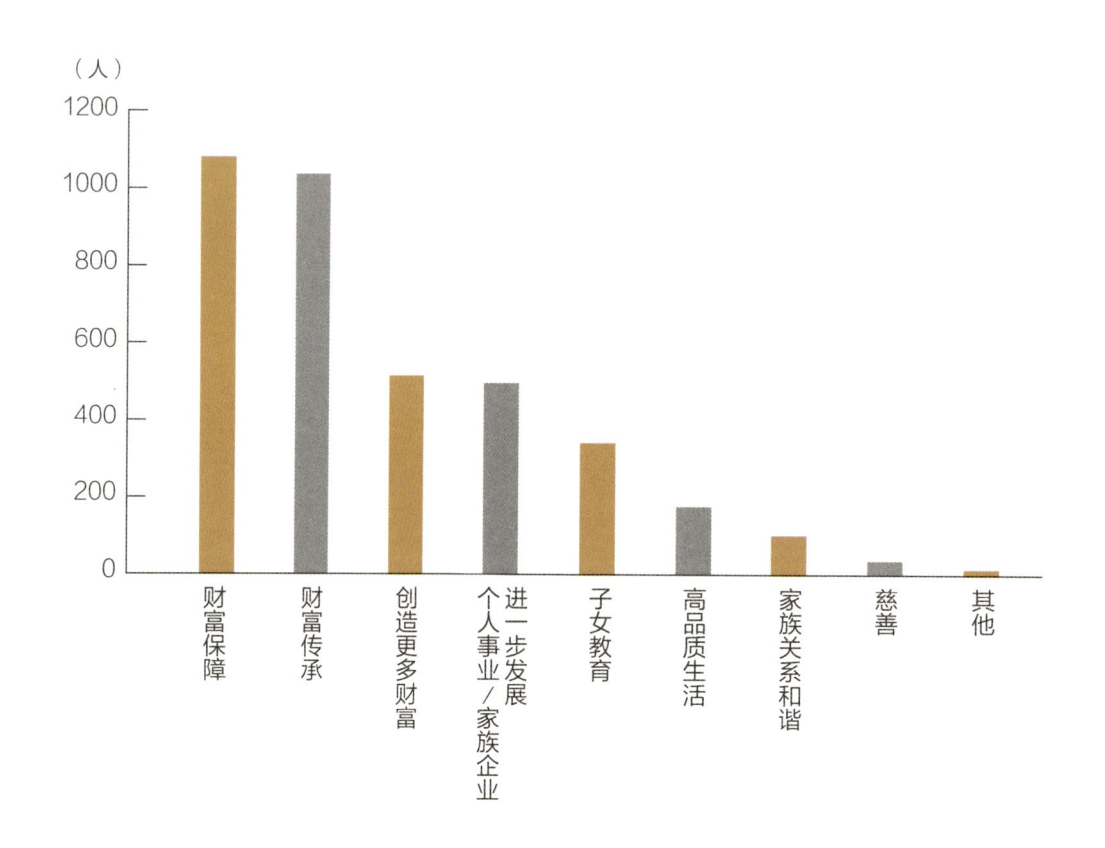

附图2-7 客户关心的问题

- **客户的投资方向**

　　数据显示，有902名持证人表示他们的客户会选择投资银行理财产品。802名持证人表示，他们的客户会选择投资信托产品。另外，对境内房产、存款和现金、股票的投资热度也比较高。艺术品、投资级珠宝的被关注度则最低，分别仅有97名和50名持证人表示他们的客户会投资在此领域（见附图2-8）。

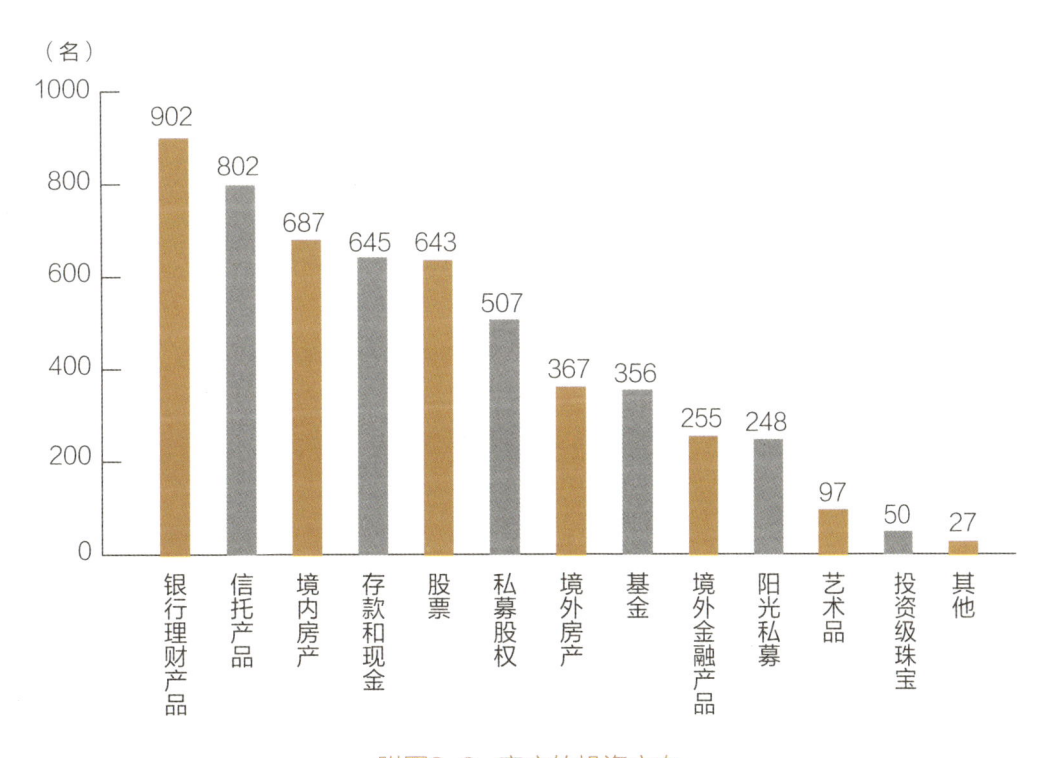

（名）

投资方向	人数
银行理财产品	902
信托产品	802
境内房产	687
存款和现金	645
股票	643
私募股权	507
境外房产	367
基金	356
境外金融产品	255
阳光私募	248
艺术品	97
投资级珠宝	50
其他	27

附图2-8　客户的投资方向

■ **客户对家族办公室业务的了解程度**

根据参与调研的持证人所提供的数据,有162名持证人表示他们的客户很了解家族办公室的业务,866名持证人表示他们的客户听说过家族办公室业务,371名持证人则表示他们的客户并不了解家族办公室业务(见附图2-9、附表2-3)。

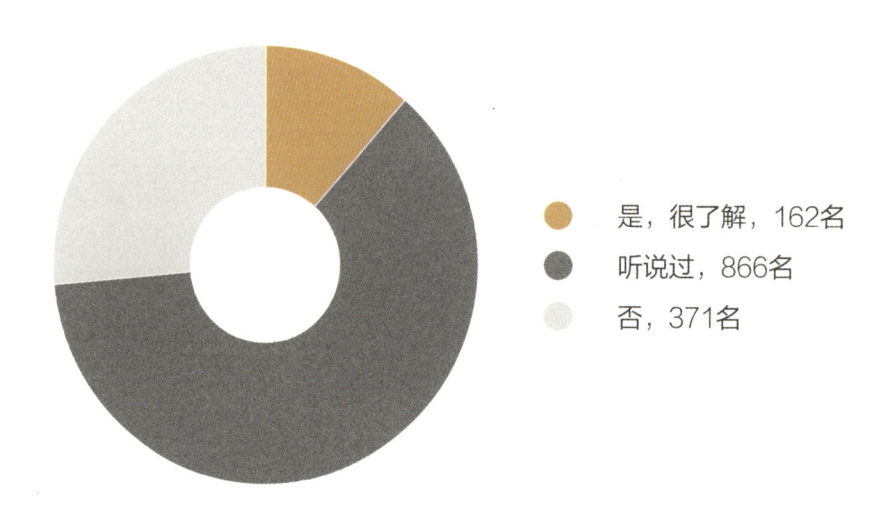

是,很了解,162名
听说过,866名
否,371名

附图2-9　客户对家族办公室业务的了解程度

附表2-3　客户对家族办公室业务的了解程度

客户对家族办公室业务的了解程度	计数(名)	比例(%)
是,很了解	162	11.58
听说过	866	61.90
否	371	26.52

■ **客户组建家族办公室的方式**

数据显示,表示自己的客户选择接受专业机构提供的家族办公室服务的持证人最多,达到1040名。其次有305名持证人表示,他们的客户倾向于选择自己组建团队,设立家族办公室(见附图2-10、附表2-4)。

附表2-4 客户组建家族办公室的方式

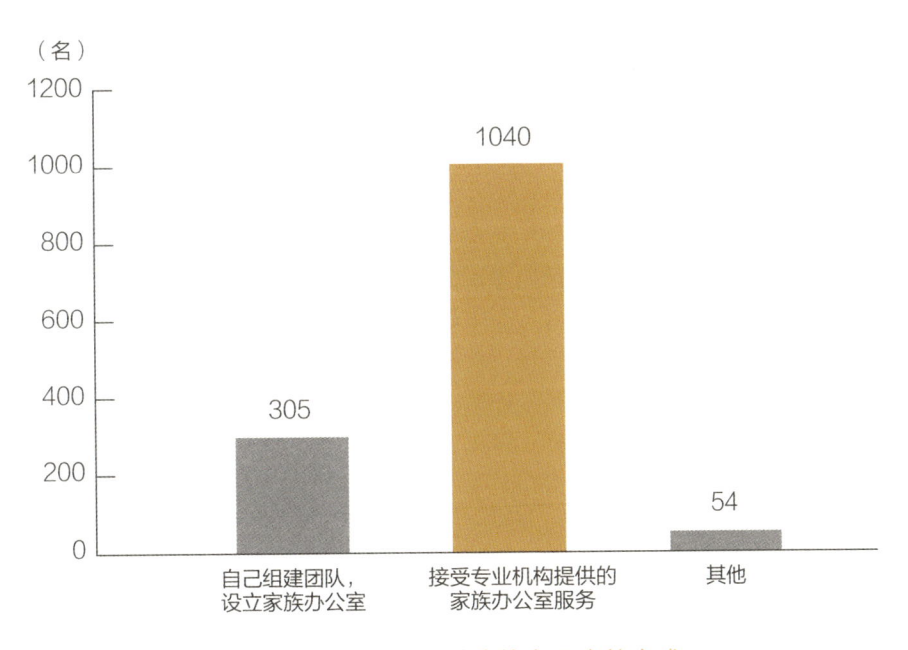

客户组建家族办公室的方式	计数(名)	比例(%)
接受专业机构提供的家族办公室服务	1040	74.34
自己组建团队,设立家族办公室	305	21.80
其他	54	3.86

附图2-10 客户组建家族办公室的方式

■ **客户是否开展家族办公室业务,以及业务分布情况**

在1399名持证人中,有1088名回答其客户已经开展了家族办公室业务,占比达到77.77%(见附图2-11、附表2-5)。

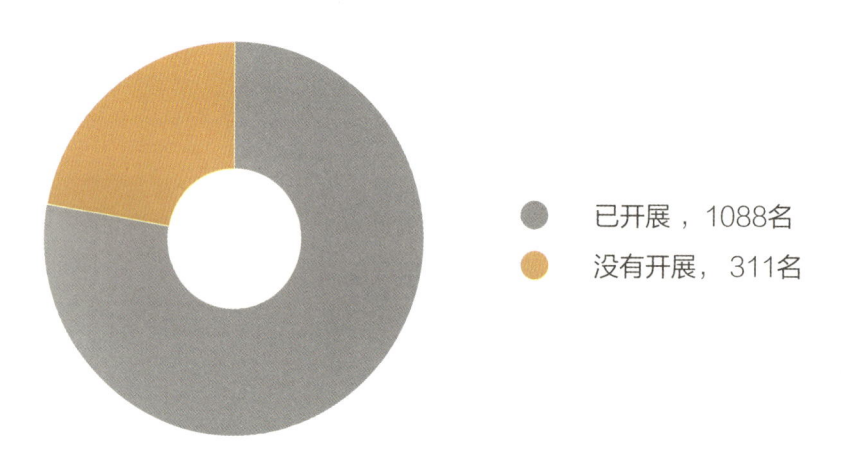

● 已开展,1088名
● 没有开展,311名

附图2-11 客户是否开展家族办公室业务

附表2-5 客户是否开展家族办公室业务

客户是否开展家族办公室业务	计数(名)	比例(%)
已开展	1088	77.77
未开展	311	22.23

在回答其客户已开展家族办公室业务的1088名持证人中,有767名持证人表示他们的客户开展了财富管理与传承业务,566名持证人表示他们的客户开展了家族企业持续经营业务(见附图2-12)。

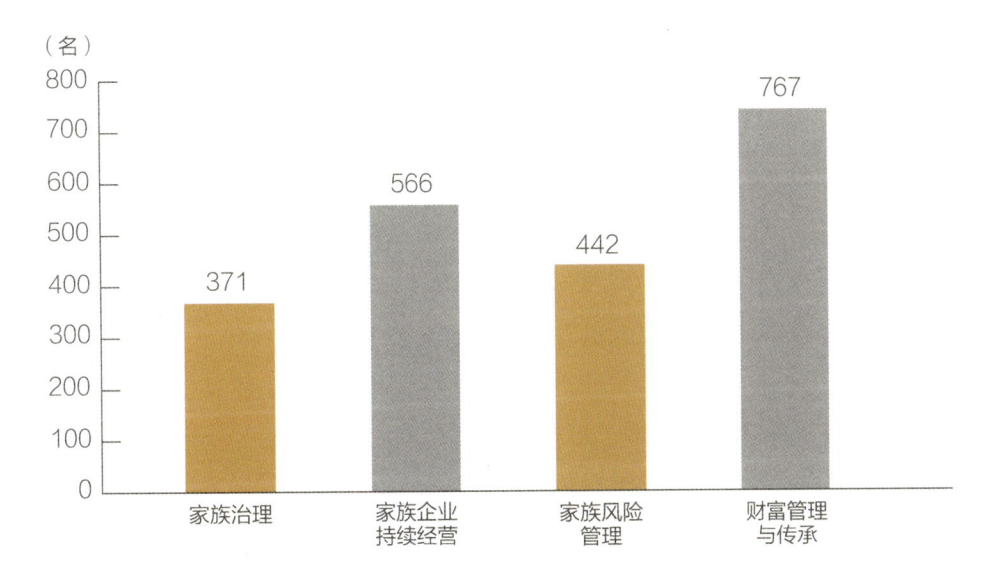

附图2-12 客户的业务开展情况

注:①家族治理包括家族关系管理、家族事务管理;
②家族企业持续经营包括企业融资、并购、IPO等投行服务。

■ 客户对家族办公室服务种类的偏好

根据参与调研的持证人所提供的数据，有945名持证人表示他们所服务的家族办公室客户对财富管理与传承这项业务感兴趣，其次有864名持证人表示他们所服务的客户对家族企业持续经营这项业务感兴趣。而家族治理与家族风险管理的被关注度相对较低（见附图2-13）。

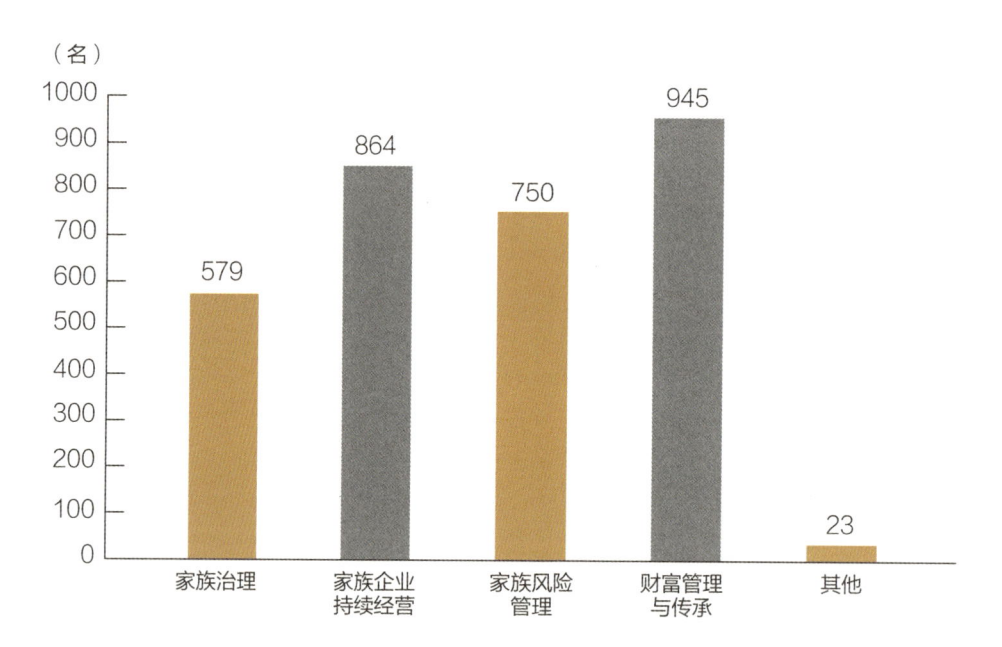

附图2-13 客户对家族办公室服务项目的偏好

注：①家族治理包括家族关系管理、家族事务管理；
②家族企业持续经营包括企业融资、并购、IPO等投行服务。

■ **客户对慈善活动的看法**

数据显示，有341名（占比为24.37%）持证人表示，他们所服务的家族办公室客户已经积极参与了慈善活动，有898名（占比为64.19%）持证人表示其客户有意向参与慈善活动，另有160名持证人（占比为11.44%）表示其客户对慈善活动不感兴趣（见附图2-14、附表2-6）。

附表2-6 客户对慈善活动的看法

客户对慈善活动的看法	计数（名）	比例（%）
已经积极参与了	341	24.37
有意向参与	898	64.19
不感兴趣	160	11.44

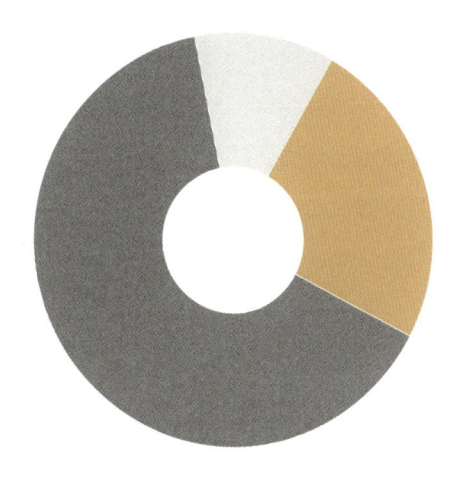

● 有意向参与，898名
● 不感兴趣，160名
● 已近积极参与了，341名

附图2-14 客户对慈善活动的看法

■ **客户参与慈善活动的方式**

根据参与调研的持证人所提供的数据，在参与了慈善活动的家族办公室客户中，选择直接慈善捐款的人数最多，其次是自己成立慈善基金或慈善信托（见附图2-15）。

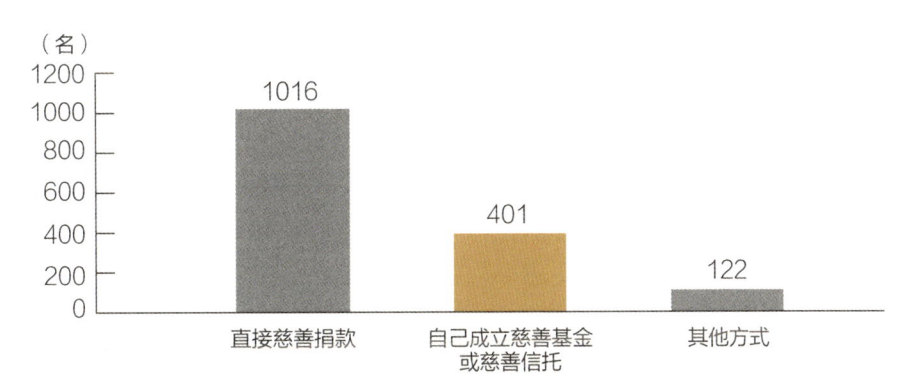

直接慈善捐款：1016
自己成立慈善基金或慈善信托：401
其他方式：122

附图2-15 客户参与慈善活动的方式

■ 客户感兴趣的慈善方向

在慈善领域中，有963名持证人表示他们所服务的家族办公室客户对儿童教育最感兴趣。其次为灾难救助，有796名持证人表示他们的客户对此感兴趣。此外，环境保护和医疗健康受关注度也比较高，分别有531名和526名持证人都表示有客户对此项慈善活动感兴趣。文体则为关注度最低的慈善项目（见附图2-16）。

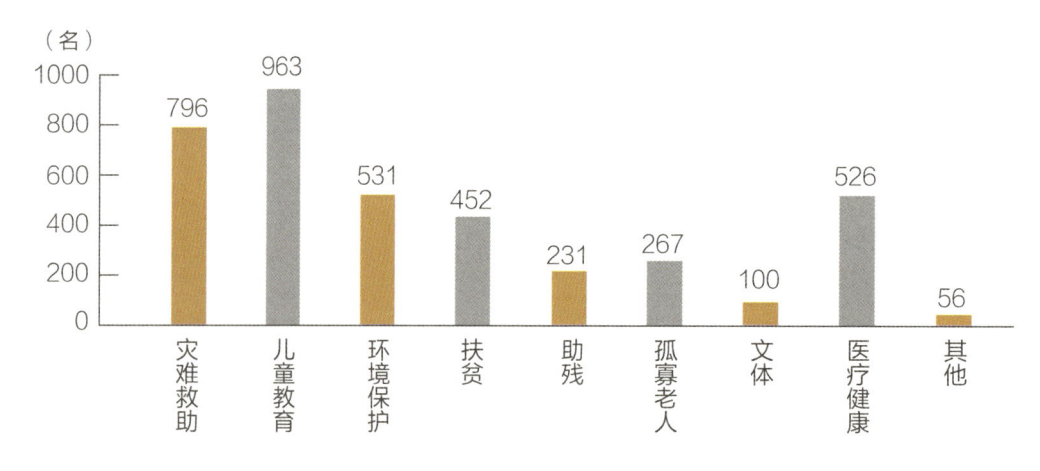

慈善方向	人数（名）
灾难救助	796
儿童教育	963
环境保护	531
扶贫	452
助残	231
孤寡老人	267
文体	100
医疗健康	526
其他	56

附图2-16　客户感兴趣的慈善方向

■ 客户对艺术品消费、收藏的看法

数据显示，有601名持证人表示他们的客户认为可以对艺术品消费、收藏从资产配置角度进行长期投资，574名持证人表示他们的客户认为可以购买一些艺术品作为家居装饰物，有158名持证人则表示他们的客户对艺术品消费、收藏不感兴趣（见附图2-17）。

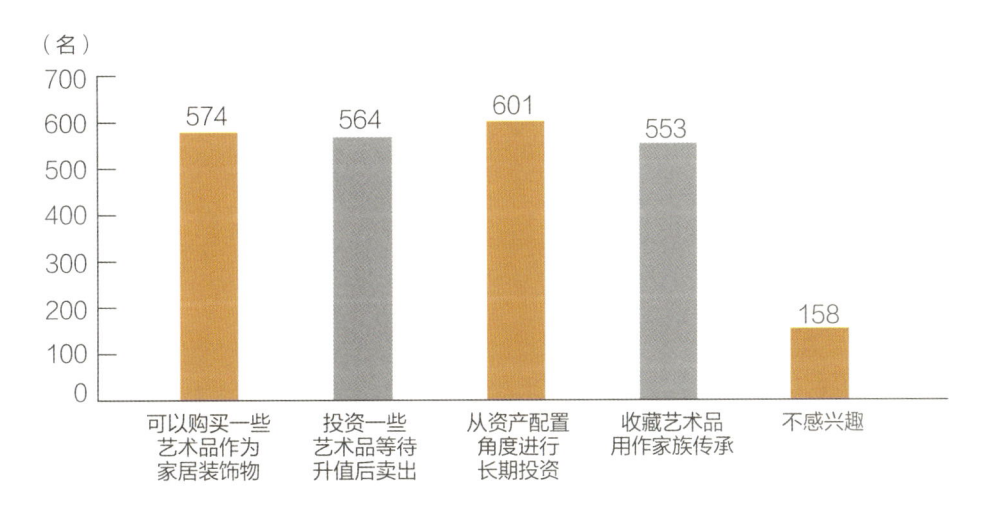

附图2-17　客户对艺术品消费、收藏的看法

（名）
- 可以购买一些艺术品作为家居装饰物：574
- 投资一些艺术品等待升值后卖出：564
- 从资产配置角度进行长期投资：601
- 收藏艺术品用作家族传承：553
- 不感兴趣：158

■ 可能对家族办公室感兴趣的客户数量分布

根据参与调研的持证人所提供的数据，选择有1～2位客户可能对家族办公室感兴趣的有869名持证人，选择有3～5位客户可能感兴趣的有252名持证人，选择有6～10位客户可能感兴趣的有63名持证人，选择有10位以上客户可能感兴趣的有47名持证人，选择不感兴趣的则为168名持证人（见附图2-18、附表2-7）。

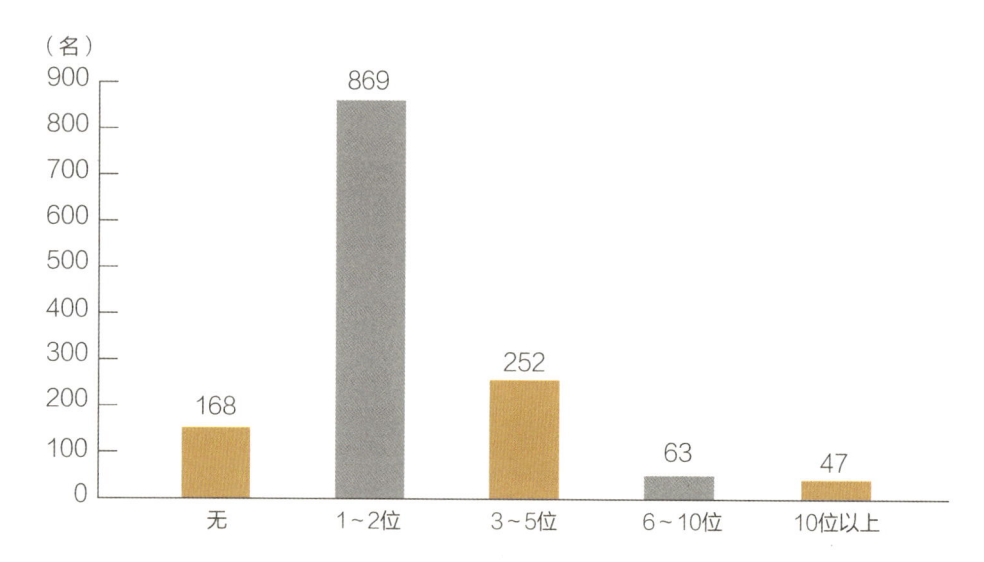

附图2-18 可能对家族办公室感兴趣的客户数量分布

附表2-7 可能对家族办公室感兴趣的客户数量分布

可能对家族办公室感兴趣的客户数量分布	计数（名）	比例（%）
1～2位	869	62.12
3～5位	252	18.01
6～10位	63	4.50
10位以上	47	3.36
无	168	12.01

客户家族资产超过20亿元的情况分析

在表示自己所管理的客户中有家族资产超过5亿元的1399名持证人中,有669名表示自己所管理的客户中有家族资产超过20亿元的。此部分的分析是基于这669人的回答进行的。同时,由于有两名持证人数据填写不规范,部分问题使用的数据为667人。

■ 客户家族资产规模是否超过20亿元

数据显示,在表示自己所管理的客户中有家族资产超过5亿元的1399名持证人中,有669名(占比为47.82%)持证人表示其客户中有家族资产(含金融产品、公司股权、房产等)超过20亿元的(见附图2-19、附表2-8)。

● 否,730名,52.18%
● 是,669名,47.82%

附图2-19 客户家族资产是否超过20亿元

附表2-8 客户家族资产是否超过20亿元

客户家族资产是否超过20亿元	计数(名)	比例(%)
是	669	47.82
否	730	52.18

■ 资产超过20亿元的客户数量区间分布

有1~2位客户资产超过20亿元的持证人最多，达到486名（见附图2-20、附表2-9）。

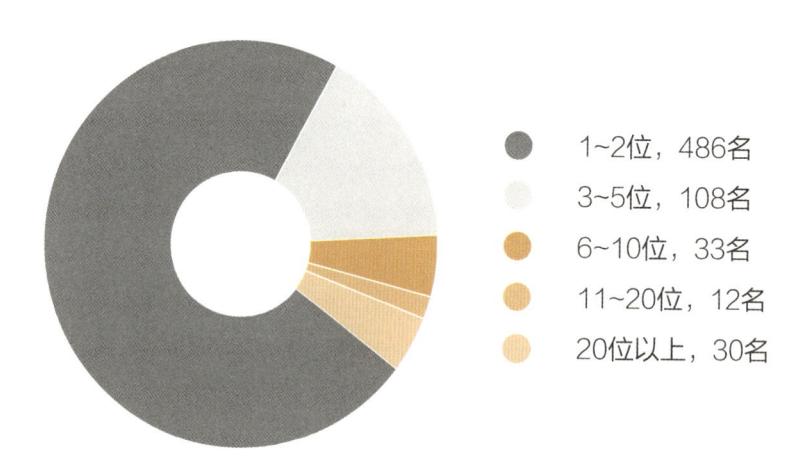

附图2-20　家族资产超过20亿元的客户数量区间分布

附表2-9　家族资产超过20亿元的客户数量区间分布

家族资产超过20亿元的客户数量区间分布	计数（名）	比例（%）
1~2位	486	72.65
3~5位	108	16.14
6~10位	33	4.93
11~20位	12	1.79
20位以上	30	4.48

■ 客户投资决策方式

数据显示，客户可能会选择超过一种方式进行投资决策。聘请专业机构为最受欢迎的投资决策方式（392人），其次为聘请专业人士（367人），再次分别为客户本人制定投资决策（309人）、客户家人制定投资决策（149人）、客户秘书或生活助理帮忙制定投资决策（107人）、其他（7人），见附图2-21。

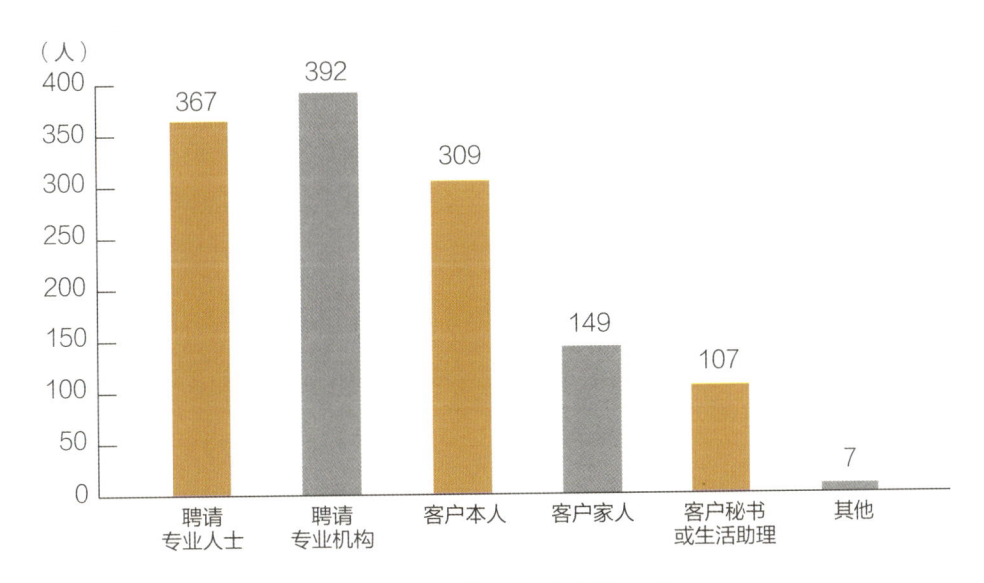

附图2-21 客户投资决策方式

■ **客户的年龄分布**

根据参与调研的持证人所提供的数据，按客户年龄划分，占比最大的为41～50岁的客户（321人，占比为48.13%），其次为51～60岁的客户（281人，占比为42.13%），接下来是31～40岁的客户（40人，占比为6.00%）、60岁以上客户（23人，占比为3.45%）、20～30岁的客户（2人，占比为0.30%），见附图2-22、附表2-10。

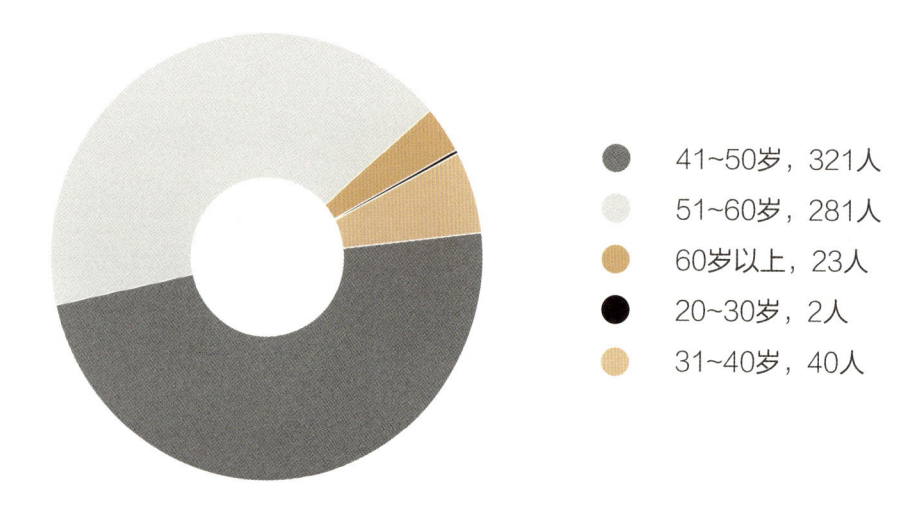

附图2-22 客户年龄分布

附表2-10 客户年龄分布

客户年龄分布	计数（人）	比例（%）
20～30岁	2	0.30
31～40岁	40	6.00
41～50岁	321	48.13
51～60岁	281	42.13
60岁以上	23	3.45

- **客户的身份**

数据显示，持证人所服务的客户中多数有多重身份，其中身份为非上市公司实际控制人或股东的人数最多，身份为上市公司实际控制人或股东的人数次之（见附图2-23）。

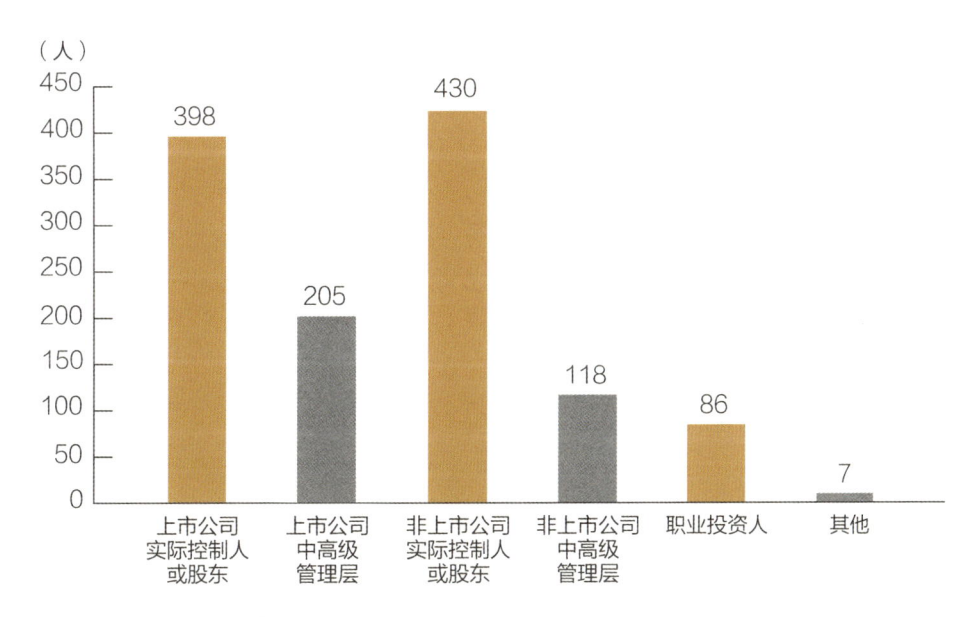

附图2-23 客户身份分布

身份	人数
上市公司实际控制人或股东	398
上市公司中高级管理层	205
非上市公司实际控制人或股东	430
非上市公司中高级管理层	118
职业投资人	86
其他	7

■ 客户所在行业分布

数据显示，持证人所服务的客户主要在房地产、制造业、多元金融、制药与生物科技、能源等领域经营，其中从事房地产行业的客户最多（见附图2-24）。

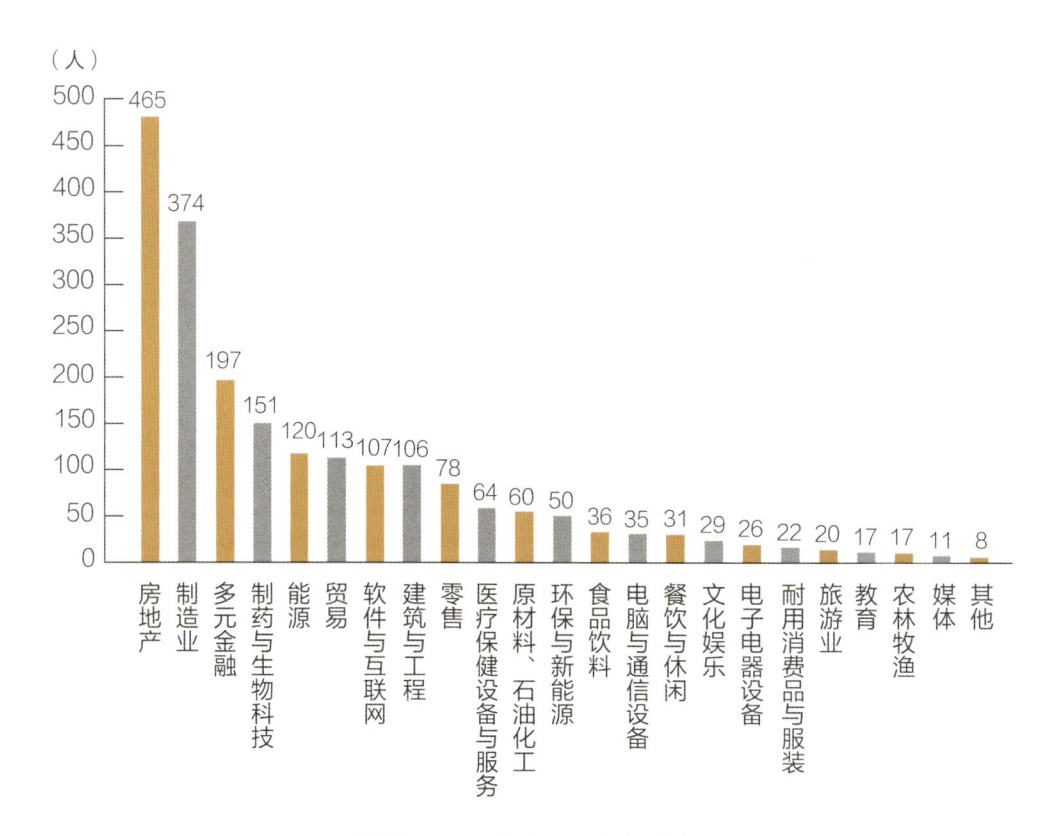

行业	人数
房地产	465
制造业	374
多元金融	197
制药与生物科技	151
能源	120
贸易	113
软件与互联网	107
建筑与工程	106
零售	78
医疗保健设备与服务	64
原材料、石油化工	60
环保与新能源	50
食品饮料	36
电脑与通信设备	35
餐饮与休闲	31
文化娱乐	29
电子电器设备	26
耐用消费品与服装	22
旅游业	20
教育	17
媒体	17
农林牧渔	11
其他	8

附图2-24　客户所在行业分布

■ **客户关心的问题**

数据显示，客户最关心的两个问题分别为财富传承和财富保障。接下来是创造更多财富、个人事业/家族企业进一步发展和子女教育。对于高品质生活、家族关系和谐、慈善等则关注不太多（见附图2-25）。

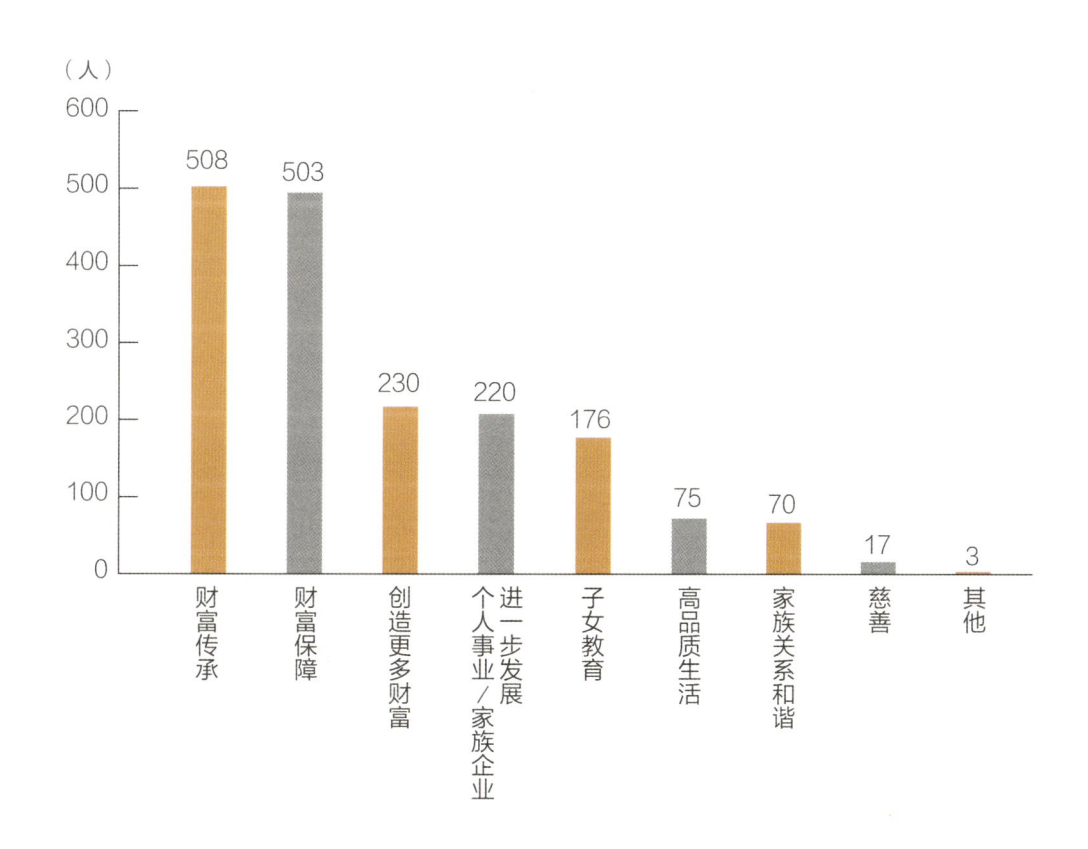

类别	人数
财富传承	508
财富保障	503
创造更多财富	230
个人事业/家族企业进一步发展	220
子女教育	176
高品质生活	75
家族关系和谐	70
慈善	17
其他	3

附图2-25 客户关心的问题

■ **客户投资方向**

数据显示，有390名持证人表示他们的客户会选择投资银行理财产品，382名持证人表示，他们的客户会选择投资信托产品。另外，对境内房产、存款和现金、股票的投资热度也比较高。艺术品、投资级珠宝的被关注度则最低，分别仅有55名和20名持证人表示他们的客户会投资在此领域（见附图2-26）。

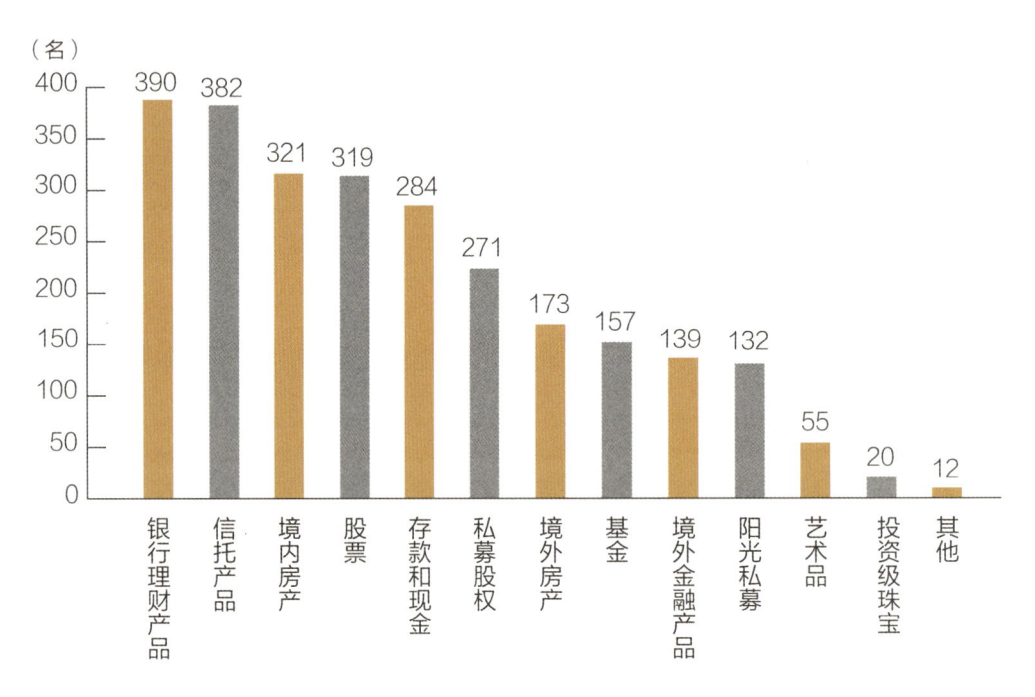

投资方向	人数（名）
银行理财产品	390
信托产品	382
境内房产	321
股票	319
存款和现金	284
私募股权	271
境外房产	173
基金	157
境外金融产品	139
阳光私募	132
艺术品	55
投资级珠宝	20
其他	12

附图2-26 客户投资方向

■ **客户对家族办公室业务的了解程度**

根据参与调研的持证人所提供的数据，有100名持证人表示他们的客户很了解家族办公室的业务，437名持证人表示他们的客户听说过家族办公室业务，130名持证人则表示他们的客户并不了解家族办公室业务（见附图2-27、附表2-11）。

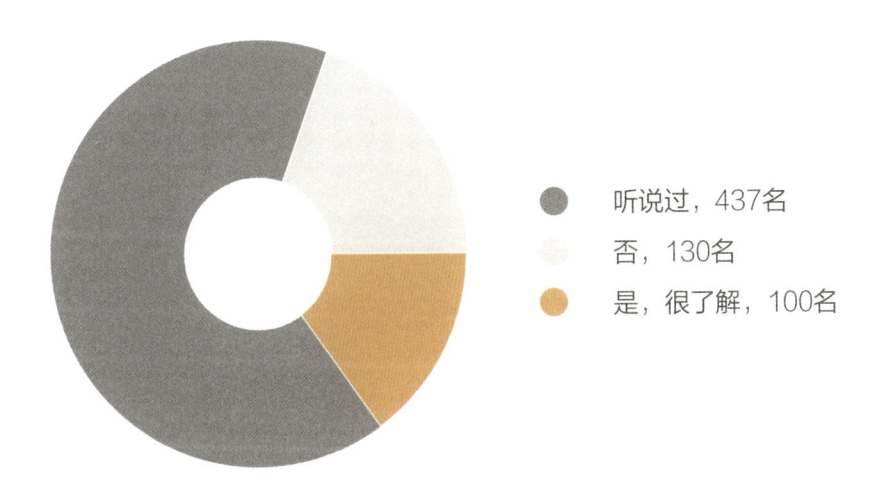

附图2-27 客户对家族办公室业务的了解程度

附表2-11 客户对家族办公室业务的了解程度

客户对家族办公室业务的了解程度	计数（名）	比例（%）
是，很了解	100	14.99
听说过	437	65.52
否	130	19.49

■ **客户组建家族办公室的方式**

数据显示,表示自己的客户选择接受专业机构提供家族办公室服务的持证人最多,达到498名。其次有150名持证人表示,他们的客户倾向于选择自己组建团队,设立家族办公室(见附图2-28、附表2-12)。

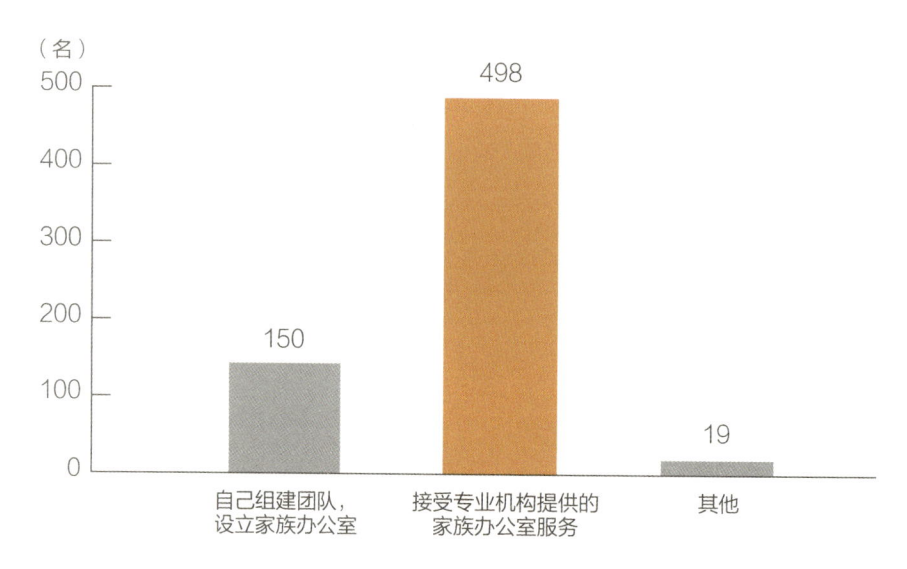

附图2-28 客户组建家族办公室的方式

附表2-12 客户组建家族办公室的方式

客户组建家族办公室的方式	计数(名)	比例(%)
接受专业机构提供的家族办公室服务	498	74.66
自己组建团队,设立家族办公室	150	22.49
其他	19	2.85

■ **客户是否开展家族办公室业务以及业务分布情况**

在667名持证人中,有583名回答其客户已经开展了家族办公室业务,占比达到87.41%(见附图2-29、附表2-13)。

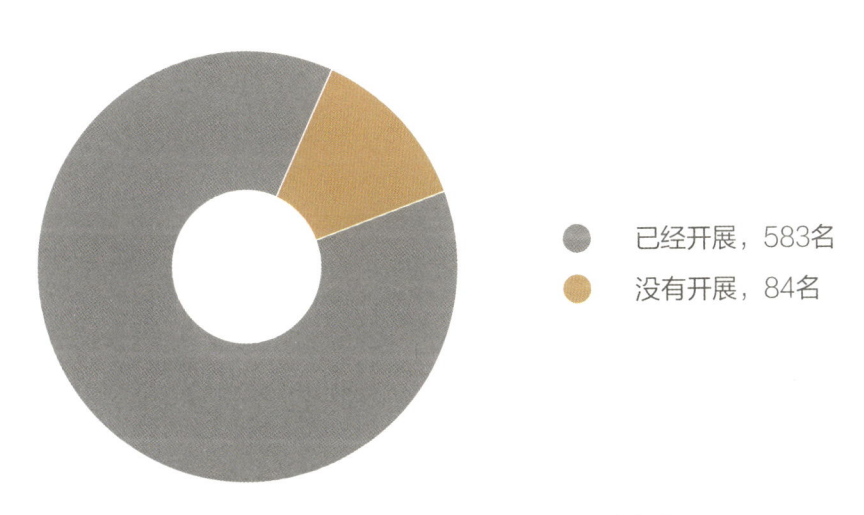

● 已经开展,583名
● 没有开展,84名

附图2-29 客户是否开展家族办公室业务

附表2-13 客户是否开展家族办公室业务

客户是否开展家族办公室业务	计数(名)	比例(%)
已开展	583	87.41
未开展	84	12.59

在回答其客户已开展家族办公室业务的583名持证人中,有397名持证人表示他们的客户开展了财富管理与传承业务,319名持证人表示他们的客户开展了家族企业持续经营业务(见附图2-30)。

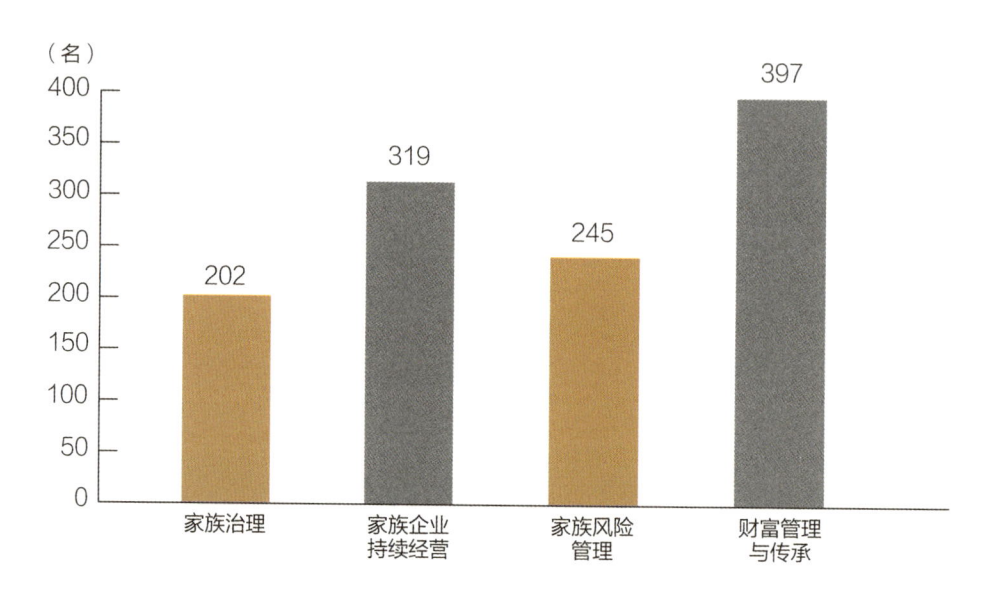

附图2-30 客户主要的业务开展方向

注:①家族治理包括家族关系管理、家族事务管理;
②家族企业持续经营包括企业融资、并购、IPO等投行服务。

■ 客户对家族办公室服务种类的偏好

根据参与调研的持证人所提供的数据,有443名持证人表示他们所服务的家族办公室客户对家族企业持续经营这项业务感兴趣,其次有429名持证人表示他们所服务的客户对财富管理与传承这项业务感兴趣。而家族治理与家族风险管理的被关注度相对较低(见附图2-31)。

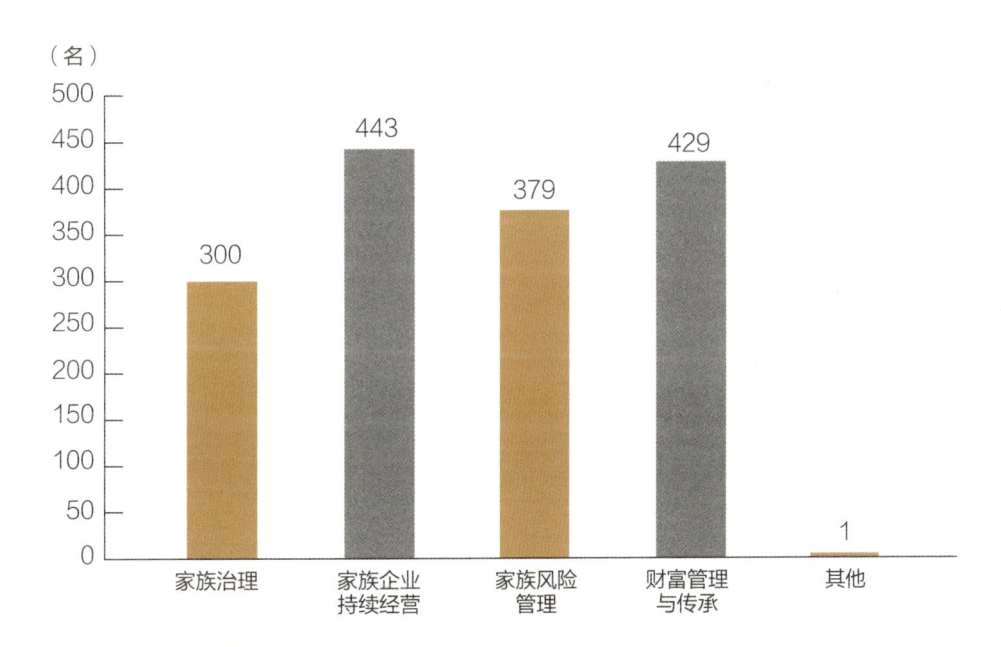

附图2-31 客户对家族办公室服务种类偏好

注:①家族治理包含家族关系管理、家族事务管理;
②家族企业持续经营包含企业融资、并购、IPO等投行服务。

■ 客户对慈善活动的看法

数据显示，有182名（占比为27.29%）持证人表示，他们所服务的家族办公室客户已经积极参与了慈善活动，有426名（占比为63.87%）持证人表示其客户有意向参与慈善活动，另有59名持证人（占比为8.85%）表示其客户对慈善活动不感兴趣（见附图2-32、附表2-14）。

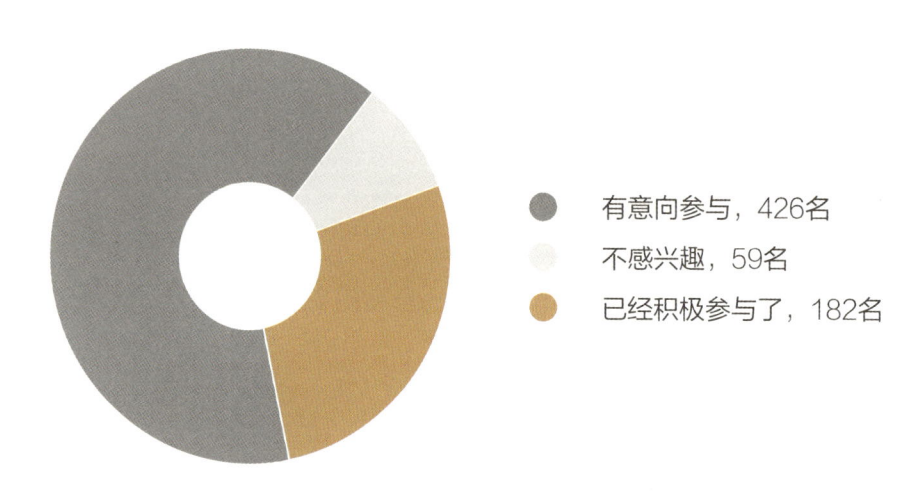

附图2-32 客户对慈善活动的看法

附表2-14 客户对慈善活动的看法

客户对慈善活动的看法	计数（名）	比例（%）
已经积极参与了	182	27.29
有意向参与	426	63.87
不感兴趣	59	8.85

■ **客户参与慈善活动的方式**

根据参与调研的持证人所提供的数据,在参与了慈善活动的家族办公室客户中,选择直接慈善捐款的人数最多(463人),其次为自己成立慈善基金或慈善信托(227人),见附图2-33。

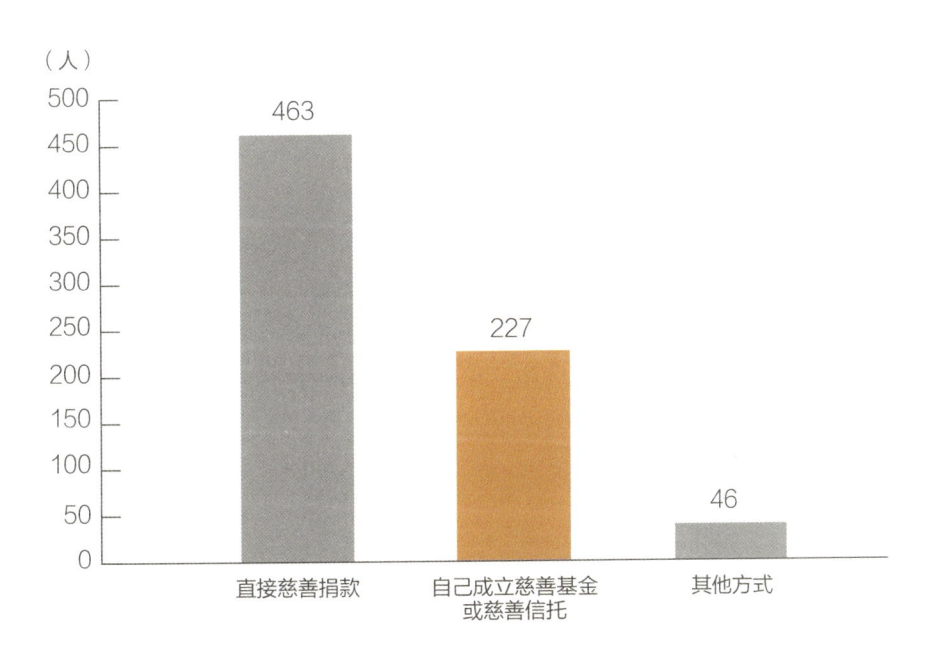

附图2-33 客户参与慈善活动方式

■ **客户感兴趣的慈善方向**

在慈善领域中，有472名持证人表示他们所服务的家族办公室客户对儿童教育最感兴趣。其次为灾难救助，有358名持证人表示他们的客户对此感兴趣。此外，环境保护和医疗健康受关注度也比较高，分别有266名和262名持证人都表示有客户对这两项慈善活动感兴趣。文体则为受关注度较低的慈善项目（见附图2-34）。

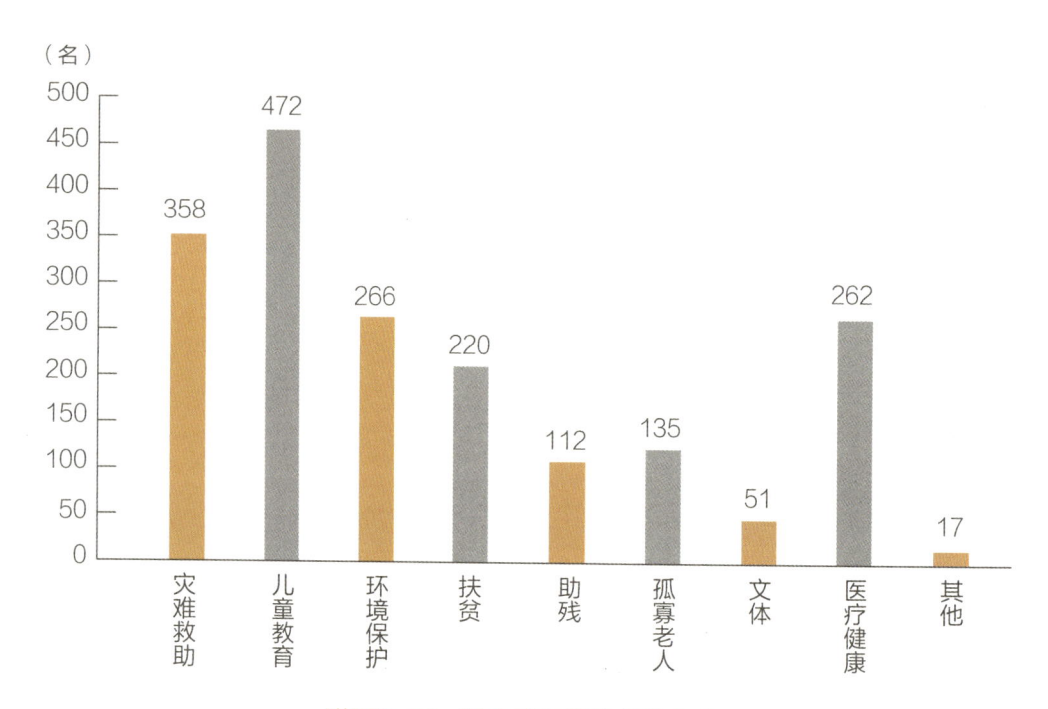

慈善方向	人数（名）
灾难救助	358
儿童教育	472
环境保护	266
扶贫	220
助残	112
孤寡老人	135
文体	51
医疗健康	262
其他	17

附图2-34　客户感兴趣的慈善方向

■ **客户对艺术消费、收藏的看法**

数据显示,有305名持证人表示他们的客户认为可以对艺术消费、收藏从资产配置角度进行长期投资,288名持证人表示他们的客户认为可以收藏艺术品用作家族传承,有54名持证人则表示他们的客户对艺术消费、收藏不感兴趣(见附图2-35)。

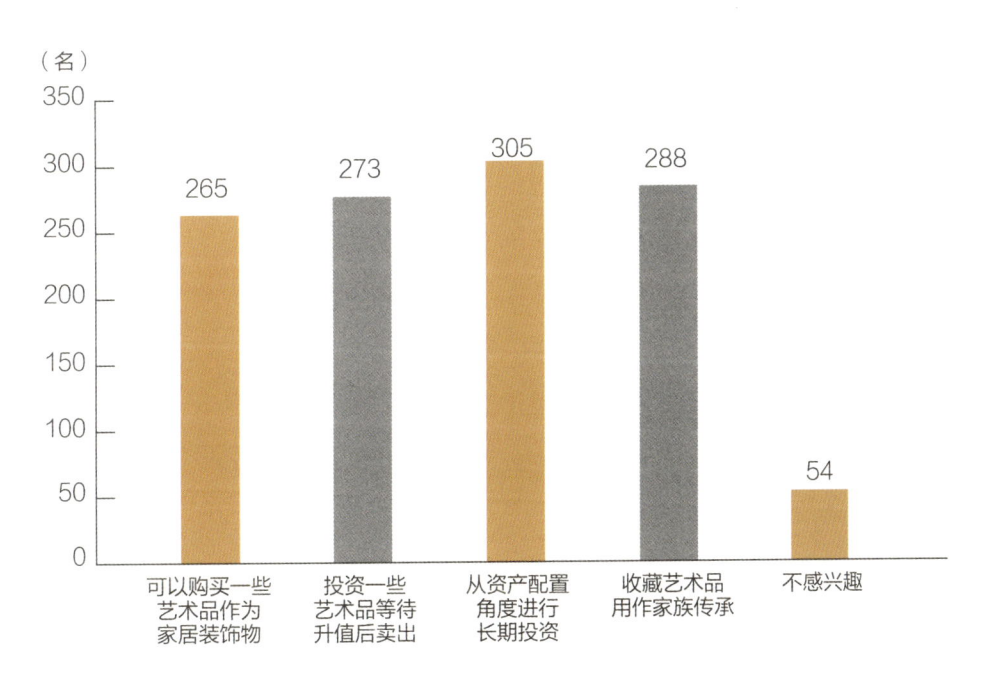

附图2-35 客户对艺术消费、收藏的看法

选项	人数(名)
可以购买一些艺术品作为家居装饰物	265
投资一些艺术品等待升值后卖出	273
从资产配置角度进行长期投资	305
收藏艺术品用作家族传承	288
不感兴趣	54

可能对家族办公室感兴趣的客户数量分布

根据参与调研的持证人所提供的数据，选择有1~2位客户可能对家族办公室感兴趣的有386名持证人，选择有3~5位客户可能感兴趣的有157名持证人，选择有6~10位客户可能感兴趣的有40名持证人，选择有10位以上客户可能感兴趣的有39名持证人，选择不感兴趣的则为45名持证人（见附图2-36、附表2-15）。

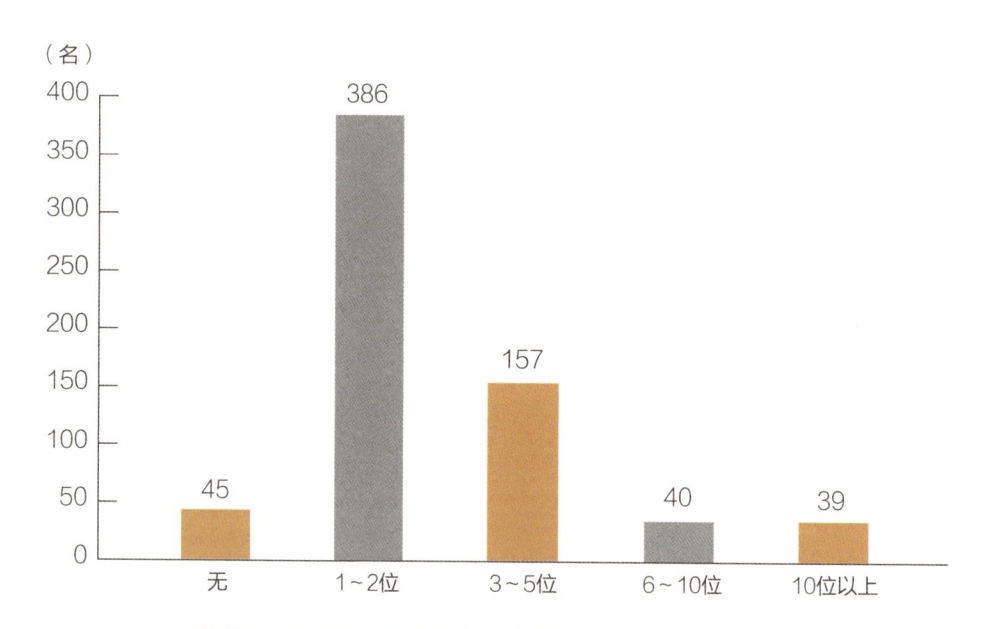

附图2-36　可能对家族办公室感兴趣的客户数量分布

附表2-15　可能对家族办公室感兴趣的客户数量分布

可能对家族办公室感兴趣的客户数量分布	计数（名）	比例（%）
1~2位	386	57.87
3~5位	157	23.54
6~10位	40	6.00
10位以上	39	5.85
无	45	6.75

第四部分

中国家族办公室服务的发展现状和监管问题

The current situation and regulations of China's family offices service

近几年来,"家族办公室"在中国开始呈现方兴未艾的发展态势。信托公司在产品整合能力、投资管理能力以及个性化定制方面具备一定的优势。丰富的产品线和全面的组织支持决定了信托公司开展家族办公室业务的条件已经成熟。

随着我国超高净值家族纷纷进入财富传承阶段，为这些家族量身打造财富管理方案的"家族办公室"也被引入进来。近几年来，"家族办公室"在我国开始呈现方兴未艾的发展态势。尤其是2015年，可以说是我国家族办公室的发展元年。

中国家族办公室的发展现状

■ 国内家族办公室业务的发展现状

相比于欧美地区已经成熟的家族办公室业务，中国地区的家族办公室业务仍处于发展初期。中国的超高净值家族财富增长速度在全球领先，家族财富传承成为中国当代大部分成功企业家所共同面对的问题。然而，少有家族以家族办公室的形式来管理它们手中所掌握的巨额财富。

我国现有的家族办公室多数为欧美的家族办公室在亚太地区设立的分支机构，或者借鉴他国模式设立的单纯复制品。目前，我国的商业银行、信托公司、咨询公司都在探索家族办公室在本土的组建及发展方式。

目前中国主要有三类本土化的家族办公室（见表4-1）。

第一类是主流金融机构设立的私人银行部或家族办公室。主流金融机构如建设银行、招商银行、平安银行和一些信托公司等，它们对家族办公室的模式进行了研究和探索，已经开始提供家族办公室服务，以更好地满足超高净值家族客户的需求。

第二类是由超高净值家族自己创办的家族办公室。阿里巴巴的马云、腾讯的马化腾等部分中国超高净值家族已经开始设立类似家族办公室的投资公司来管理家族财富。

第三类是由金融专业人士或第三方财富管理公司创办的家族办公室。这类办公室可能是在超高净值家族的支持下建立的，或者是创始人独立出资设立的。目前，在北京、上海、广东，由金融业资深人士在家族的支持下成立的联合家族办公室有几十家。第三方财富管理公司，是指独立于银行、保险、证券等金融机构之外，根据客户需求为客户进行金融资产配置和理财产品筛选的专业财富管理机构或个人，也纷纷涉足家族办公室业务。

表4-1 中国主要家族办公室一览

主流金融机构设立私人银行部或家族办公室	商业银行设立的私人银行部： 如建设银行、中信银行、招商银行、民生银行
	信托公司设立的家族办公室： 如建信信托、中信信托、平安信托、外贸信托、北京信托、上海信托、紫金信托
超高净值家族自己创办家族办公室	阿里巴巴的家族办公室（Blue Pool Capital Ltd.） 金科股份——黄红云家族办公室
第三方机构家族办公室	深圳：汉家族办公室、金恪家族办公室 上海：汉景家族办公室、歌斐家族办公室、九元家族办公室 香港：东林家族办公室 重庆：亚盟家族传承办公室 大连：地平线家族办公室 青岛：睿璞家族办公室、青岛宜信财富家族办公室、蓝源百年渡家族办公室、盛世平安家族办公室 成都：仁和家族办公室有限公司

资料来源：建信信托研究部。

■ 中国家族办公室服务的发展特点

就目前的发展状况来看，家族办公室在中国的发展还未形成规模，尚处于摸索和起步阶段，同时与境外的家族办公室相比，中国的超高净值家族比较注重财富管理，并且更倾向于以单一家族办公室的模式发展。

1. 中国的家族办公室服务仍然处于摸索和起步阶段

目前，在中国力推家族办公室服务的主要是信托公司和银行的私人银行部门。中国银监会《关于信托公司风险监管的指导意见》提出，要推动信托公司业务转型，探索家族财富管理，为客户量身定制资产管理方案。家族财富管理领域是信托公司转型的蓝海，目前国内多家大型信托公司通过打造家族信托的升级版，在家族办公室服务领域开始有所探索和行动。如同家族信托被业内视为银信合作的新模式一样，家族办公室服务一般的运作模式也是由银行的私人银行部门和信托公司合作推出。整体来说，虽然私人银行部门和信托公司在资产管理或私人银行等业务领域的经验和资源（包括客户、人力、资金、渠道等）是其进一步拓展家族办公室业务的重要优势，但由于在税收法律、商业模式、人才培养等层面存在问题，信托公司和银行对家族办公室业务仍处于尝试和探索阶段，尚未建立完备、系统的家族办公室业务体系。

一些提供专业服务的公司，如律师事务所、会计师事务所、咨询公司等，也提供家族办公室服务，但由于其资金实力偏弱，缺少金融牌照和多元化、综合化的专业人才，因此业务拓展也是尝试性的、偏单一的服务。

2. 家族办公室的服务职能仍然比较注重财富管理

目前中国国内超高净值家族的关注点主要还是在财富的保值增值和家族企业的转型上，因此在创设家族办公室时，仍然十分关注投资收益，而对资产规划、境外投资、企业境外融资、家族移民和财富传承的税务规划还不够重视，婚姻资产保全、家族事务管理、税务规划、信息保密等功能的实现尚需时日。

大型金融机构私人银行和信托公司，一般通过增设"家族办公室部门"来提供家族办公室服务，这些家族办公室部门的优势在于能够提供多元化的理财产品和投资产品，因此在开展业务时，主要基于其与核心业务有协同效应的私人银行业务或者投资产品，其他服务主要以外包模式来完成。这种家族办公室服务类型，也迎合了主要由投资驱动的中国内地超高净值家族的需求。

3. 中国的超高净值家族目前更青睐单一家族办公室

中国超高净值家族的家族企业大多仍由创始者掌舵，因此通常这些超高净值家族设立的家族办公室仍然由第一代创业者把控，大都由控股家族在集团公司或者旗舰企业中设置战略投资部，或者在集团之下设立投资公司，用以进行公司非主营业务领域的投资，由CFO或财务团队、董事长信赖的助理或者家族成员来领衔。而熟悉西方财富管理模式，有着西方求学和工作背景的第二、第三代则会积极参与家族办公室的决策，同时相关接班人亦可透过此与其他家族的同辈加强联系、沟通、合作，并对国内市场进行更深的了解。

信托公司开展家族办公室业务的基础和条件

对于信托公司来说，开展家族办公室业务，已经具备了诸多要件，其中持续稳定的客户来源、顺畅的信托公司内部协调机制、专业的内外部团队建设等业务开展的基础都已初步具备。

■ 拥有一批超高净值客户

稳定而合适的客户来源，是家族办公室不断扩大业务规模的重中之重。一般而言，家族办公室的客户来源主要分为三类，分别是通过与私人银行合作获得的私人银行推荐的超高净值客户、信托公司自我积累的超高净值客户以及家族信托品牌树立之后慕名而来的超高净值客户。在这三类客户中，私人银行客户由于积累量大，又有银行作为桥梁协助营销，是发展家族办公室业务的关键。

能否与大型商业银行的私人银行部门达成合作，对信托公司该业务发展的好坏至关重要。从我国财富管理市场的发展情况看，大型信托公司尤其是银行系的信托公司，在高净值客户获取以及财富管理业务线方面具有得天独厚的先发优势，通过与银行的私人银行部门合作，客户转化率更高。

目前，一些大型信托公司已经拥有不少高净值的家族信托客户，同时其所拥有的专业及资源优势能够契合高净值人群的资产配置需求,这为信托公司按客户资产级别分层向高端客户提供专业的家族办公室服务打下了良好的基础。

■ **丰富的产品线和全面的组织支持**

近些年来,信托与银行的渠道合作日益紧密,受托资产管理规模连年高速增长。2015年底我国信托业管理资产规模已经突破16万亿元(见图4-1)。同时,大中型信托公司大都建立了完整的业务条线,包括风险管理条线、法律合规条线、市场营销条线、投资管理条线、会计核算条线,在产品线、客户体系上的综合竞争力优势日益突出,成为受高净值人群认可程度较高的财富管理机构。

因此,信托公司在产品整合能力、投资管理能力以及个性化定制方面具备一定的优势。丰富的产品线和全面的组织支持决定了信托公司开展家族办公室业务的条件已经成熟。

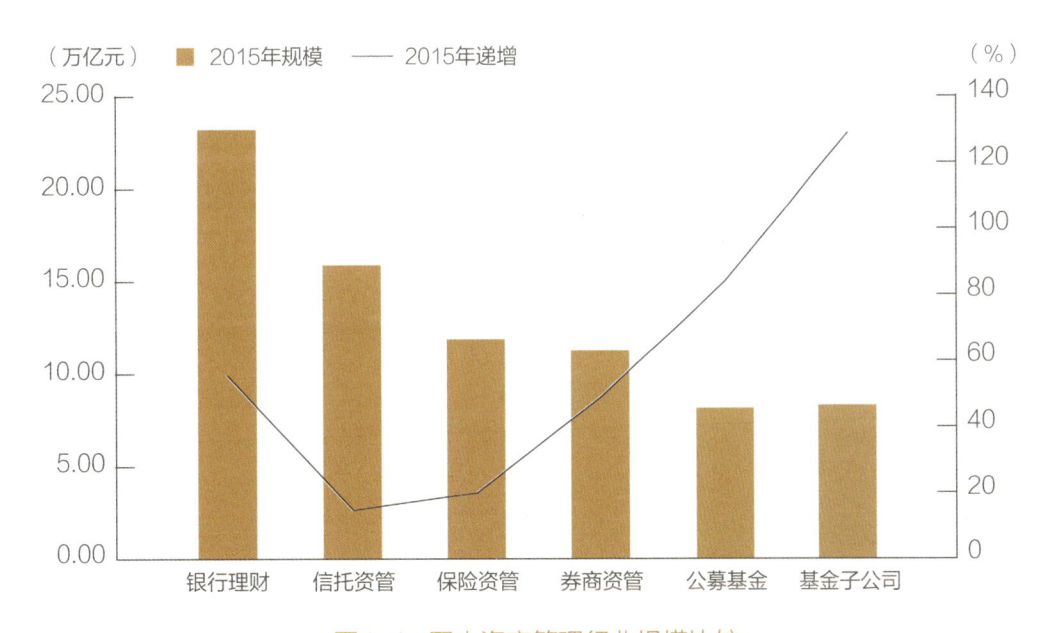

图4-1 国内资产管理行业规模比较

资料来源:建信信托研究部。

■ **专业的内外部人才资源**

家族办公室业务是一项智力密集型的业务，需要针对不同情况、不同需求的超高净值家族客户设计不同的解决方案，需要从业人员具备丰富的客户沟通经验；考虑到家族办公室业务的高度保密性，又要求从业人员较低的流动率。

目前，一些大型信托公司大都拥有信托、投资、法律、税务、营销、企业管理等知识与经验的高素质团队。同时，除内部团队建设外，通过长期的业务合作，也拥有包括律师、会计师、税务师等在内的外部支持团队。信托公司专业人才的日益丰富，成为支撑该项业务发展的重要因素。

中国家族办公室的准入与监管问题

家族办公室在中国发展面临的一个很大的困境是，家族办公室应该以什么样的法律形式存在？在家族办公室业务监管层面，即使在欧美也是新的监管领域，监管的法律依据、监管形式和监管手段，都需要系统而详细的研究。在中国金融领域市场化程度有待提高的条件下，对家族办公室业务的监管仍然存在较大的不确定性。

■ **中国家族办公室相关业务的监管规定**

美国是家族办公室，尤其是多家族办公室活跃的地区。因此，家族办公室的监管一直是热门话题。目前在美国，家族办公室主要是依据《投资顾问法》(Investment Advisers Act)，向美国证券交易委员会(SEC)注册为投资顾问公司，接受其监管并进行详细的信息披露。

在中国大陆，目前家族办公室仍处于"野蛮生长"阶段，小到律师个人，中到咨询公司，大到大型金融机构，都自称"家族办公室"或者提供"家族办公室服务"。至于监管问题，即家族办公室本身由哪个机构监管，目前还没有清晰的法律规定。但可以确定的是，至少在投资咨询领域，中国还是存在着诸多的行业与业务监管，即如果家族办公室需要涉及如下业务，都应该具备相关资质。

1. 信托服务

依据《信托公司管理办法》，家族办公室若在中国从事资金信托、动产信托、股权信托等信托业务，需要在中国依法成立信托公司，经中国银行业监督管理委员会批准，并领取金融许可证。而我国信托行业遵守有限牌照制度，新取得信托牌照属于几乎不可能完成的任务，因此家族办公室如果要开展家族信托业务，只能用既有的信托公司来完成信托相关业务。

2. 证券投资基金管理与服务

公开募集基金管理。根据《中华人民共和国证券投资基金法》（以下简称《证券投资基金法》）的规定，管理公开募集证券投资基金的公司，需要符合法定的条件，并经中国证券监督管理委员会（以下简称证监会）批准。

非公开募集基金管理。根据《证券投资基金法》的规定，担任非公开募集基金的证券投资基金管理人，应当按照规定向基金行业协会履行登记手续，报送基本情况。未经登记，任何单位或者个人不得使用"基金"或者"基金管理"字样或者近似名称进行证券投资活动。

公开募集基金服务。根据《证券投资基金法》的规定，从事公开募集证券投资基金的销售、销售支付、份额登记、估值、投资顾问、评价、信息技术系统服务等基金服务业务的机构，应当按照中国证券监督管理委员会的规定进行注册或者备案。

证券、期货投资咨询。根据原国务院证券委员会发布的《证券、期货投资咨询管理暂行办法》的规定，以一定方式为证券、期货投资人或者客户提供证券、期货投资分析、预测或者建议等直接或者间接有偿咨询服务的，必须依照该办法的规定，取得中国证监会的业务许可。

这些规定表明，如果家族办公室要开展证券投资业务，理论上需要获得证券投资咨询资格。

3. 税务代理业务

根据中国《注册税务师资格制度暂行规定》，从事税务代理业务的中介服务机构为税务师事务所，税务师事务所必须配备一定数量的注册税务师。按该规定取得中华人民共和国注册税务师执业资格证书并注册的人员，方可从事税务代理活动。

4. 保险经纪业务

根据中国《保险经纪机构监管规定》，在中国境内设立保险经纪机构，应当符合中国保险监督管理委员会规定的资格条件，取得经营保险经纪业务许可证。

■ 金融机构开展家族办公室业务的法律基础

从我国大陆地区目前的情况来看，家族办公室主要是以投资管理顾问有限公司的形式开设，然后冠以家族办公室的名称运行。此外，一些私募投资公司也开始提供与家族财富管理相关的服务。但上述机构都不是严格意义上的家族办公室。

在美国，家族办公室是以有限合伙、有限责任公司或者对冲基金管理公司的形式运行。根据家族办公室所服务的家族数量，可以分为单一家族办公室和联合家族办公室。联合家族办公室一般都需要金融监管部门颁发的从业资质。

因此，家族办公室事实上具有较高的准入门槛，并非任何个人、机构都可以随意开展的业务。未来，我国的金融监管部门有可能只允许可靠的、具有金融从业资质的机构来开展家族办公室业务尤其是联合家族办公室业务。

附录3 中国家族办公室案例分析

阿里巴巴的家族办公室

■ 企业简介

阿里巴巴网络技术有限公司（以下简称阿里巴巴）由以马云为首的18人，于1999年在中国杭州创立。蔡崇信作为18位创始人之一，为马云每一轮融资提供帮助，操刀了阿里巴巴的两次上市——2007年阿里巴巴B2B上市和2014年的集团整体上市。

■ 事件——单一家族办公室提供针对性服务

2015年4月底，阿里巴巴董事长马云与副董事长蔡崇信，通过抵押公司股份，获取超过20亿美元（约156亿港元）的保证金贷款，用于投入阿里巴巴的家族办公室（Blue Pool Capital Ltd.）。来自互联网行业的中国新一代富豪正在全球范围内进行投资，而这一新办公室的设立再次反映了这一趋势。对于如何利用自己的财富，类似阿里巴巴马云和小米雷军的创业者正在提出新的理念，如支持朋友的科技创业项目，以及年轻的投资经理等。

■ 模式分析

和传统意义上单一家族的家族办公室旨在向下一代传承财富不同，蔡崇信设立的家族办公室不仅包含他个人的家庭财富，而且囊括阿里巴巴其他高管的个人财富，而蔡崇信的这一家族办公室将由Oliver Weisberg和Alexander West合作管理。Weisberg本是对冲基金Citadel香港办事处的董事总经理，West则是香港对冲基金Blue Pool Capital的创始合伙人。Weisberg 2015年6月底从总部位于芝加哥的Citadel离职。Citadel规模达到260亿美元，Weisberg是Citadel亚洲战略，尤其是中国战略的关键设计师。据透露，这一家族办公室将模仿美国一些知名基金，专注于长期投资。值得一提的是，马云过去参与的云锋基金，经常与阿里巴巴一同进行投资，也许这一"家族办公室"的成立，也是为阿里巴巴高管创富的另一途径。

■ 案例启示

企业成立单一家族办公室，能够得到更加细致和有针对性的服务。聘请有经验的专业人员，也将大大提高企业财富管理水平。家族办公室不仅为个人家庭财富起到保障作用，而且能够统一打理公司高管的财富，这为公司和个人理财提供了更加新颖、灵活的形式，并且有望成为创富的新途径。

美的盈峰

■ 企业简介

美的集团是以家电制造业为主的大型综合性企业集团，2013年9月18日在深交所上市，旗下拥有小天鹅、威灵控股两家子上市公司。

■ 事件——家族办公室发挥企业继承之力

在中国超高净值家族数量迅速增长之时，企业二代、三代交接问题也成为众人关注的焦点。与其继承父业、经营公司，美的集团董事长何享健的独子何剑锋更愿意运营资本。继2004年他将掌控的盈峰集团旗下的东泽电器卖给上海永乐之后，何剑锋接连出手，促成美的对上风高科、易方达基金的收购。2007年3月，他又成立深圳市合赢投资管理有限公司，从美的电器收购了易方达基金管理有限公司25%的股权。一年后，盈峰集团更名为"广东盈峰投资控股集团有限公司"（以下简称盈峰控股），宣告了广东盈峰从实业公司向投资公司的彻底转型。

■ 模式分析

美的集团的盈峰控股，因为囊括了何氏家族的私人投资，可以被视为何享健的家族办公室。

■ **案例启示**

根据一项对全国21个省份1947家私营企业进行的抽样调查结果，中国私营企业目前普遍采用家族拥有的形式，仅有21.37%的家族企业能顺利完成代际传承，能延续到第三代的企业竟只有2.3%。名为"浙江商人培养继承人的方式"的调查则显示，高达82%的"企二代"不愿接受父辈的事业。当下社会的企业二代、三代，由于受过优良的教育和多方面知识、兴趣的熏陶，多数都没有意愿或能力接受父辈的企业，美的集团继承人何剑锋的选择其实颇具代表性，成立家族办公室则可以统一打理企业投资专项事务、家族综合服务等。

步长药业——汉景家族办公室

■ **企业简介**

陕西步长药业集团成立于1993年，是一家集医药研究、生产、销售和诊疗服务，教育，网络为一体的大型民营高科技企业。

■ **事件——"汉景家族办公室"**

2014年，陕西步长药业集团董事长赵涛在上海建立"汉景家族办公室"，把家族的一部分财富交由家族办公室在全球进行资产配置。汉景家族办公室拥有专业人士，在境外成立家族信托基金，其主要的作用是保证家族稳定，尽量创造家族需要的、让家族稳定存在下去的条件。

■ **案例启示**

中国超高净值家族的财富管理与财富传承需求形成的市场，不仅有银行、信托公司在内的金融机构成立家族办公室提供专门服务，第三方机构同样争相进入。

金科股份——黄红云家族办公室

■ 企业简介

金科地产集团股份有限公司（以下简称金科股份）成立于1998年，集团总部设在重庆，现有员工5000多人，集团经过多年发展，已经成为一家以房地产开发为主业，以五星级酒店、园林、门窗及物业管理等为辅业的大型企业集团，具有国家一级房地产开发资质。黄红云及其家族成员控制着市值103亿元的上市公司，黄红云夫妇还掌控着包括金科投资控股有限公司、重庆财聚投资有限公司、重庆两江新区众盛小额贷款有限公司等。其弟黄一峰，同样是一家产值达100亿元的建筑公司的老板。他们同样面临着产权如何明晰和财富价值理念如何有效传承的问题。

■ 事件——选择银行家族办公室

2014年2月14日，民生银行私人银行事业部与黄红云家族签署战略合作协议。当时的公开资料显示：合作双方就共同设立产业投资基金，以及为黄红云家族深度定制家族办公室服务事项达成战略合作意向，此次产业投资基金首批设立规模为50亿元。

这种合作是私人银行业务模式的创新，团队可以通过产业投资基金实现家族传承的品牌价值、利润最大化，为黄氏家族健康传承保驾护航。

■ 案例启示

房地产行业面临转型，金科股份也难免承受转型压力，隔离风险成为其成立家族办公室的一个考虑。国内超高净值家族的不断增长以及"创一代"们陆续步入老年的客观现实催生了高端财富打理和传承的需求，而家族办公室作为确保家族基业长青的"全能管家"必然受到市场的欢迎。

第五部分

中国家族办公室的策略选择

The strategic design of China's family offices

家族办公室的架构设计,不仅需要跨越资产管理和配置、股权结构、离岸信托、家族治理等多个领域,而且需要法律专家、投资专家、税务专家的无缝衔接和高效协同。

中国的家族办公室需要顶层设计。与欧美已经处于守业阶段且经历过多代传承的大多数超高净值家族相比，中国的超高净值家族尚处于第一次传承阶段，因而所对应的家族办公室也有着很大的不同。要想在短时间内建立起类似于欧美家族办公室的完善模式，同时使家族办公室充分适应中国的法律环境，具有一定的挑战性。因为在设计家族办公室的架构时，要涵盖资产管理和配置、股权结构、离岸信托、家族治理等多个领域，同时需要法律专家、投资专家、税务专家的无缝衔接和高效协同，并与超高净值家族就其境内外资产布局、家族成员情况和未来发展的期望进行深入的沟通，了解其定制需求。

那么，对于中国的家族办公室而言，应该如何进行家族办公室的战略定位，设计出真正适合超高净值家族需要的家族办公室呢？

创设家族办公室必须考虑的基本要素

对于超高净值家族而言，当其需要家族办公室服务时，要考虑的两个重大问题是：首先，家族办公室服务的成本是多少？资金和财富门槛是什么？其次，超高净值家族是自我创设单一家族办公室，还是外包给其他机构享受联合家族办公室的服务？

■ 家族办公室的成本与门槛

设立家族办公室，通常情况下超高净值家族所关心的首要问题便是：设立家族办公室的门槛是什么？目前业界并没有完全固定的门槛，对于超高净值家族而言，是否设立家族办公室，一般是从成本角度进行考虑的。

1. 单一家族办公室的费用与门槛

对于单一家族办公室而言，一般最少需要一位首席执行官、一位首席投资官、一位首席财务官、一位首席法务官。如果考虑到功能完善，还需要配备两位投资分析师、四位会计师、一位审计师和五位行政管理人员。

对于家族办公室而言，最主要的成本便是人力成本。美国的家族办公室协会（Family Office Association）2013年发布的白皮书显示：一个规模较小的单一家族办公室的首席执行官，年薪在30万美元到60万美元；更大规模的单一家族办公室的首席执行官，年薪在50万美元到200万美元，除此之外，首席执行官往往能获得联合投资机会。主要进行直接投资的首席投资官，年薪一般在25万美元到50万美元，再加上年度现金红利和递延补偿，首席投资官的薪酬高达几百万美元甚至更多。首席财务官的基本工资在17.5万美元到25万美元，除此之外还有奖金、递延补偿（其他职位比较少见）、联合投资机会，综合起来，首席财务官能获得30万美元到55万美元的其他收入。首席法务官的年薪在17.5万美元到25万美元，还有30万美元到55万美元的其他收入。

而瑞信的研究报告也显示，一个功能完善的家族办公室一年开销至少需要100万美元，在很多情况下甚至更多，考虑到运营成本基本占管理资产规模的1%左右，因此家族的资产规模需在1亿～5亿美元，单一家族办公室才能够存续。如果要保证家族办公室功能完善，运营成本要上涨至1000万美元，则资产门槛要达到10亿美元左右。

因此，从设立和维护成本角度分析，若参考欧美实践，按美国证券交易委员会2011年所提出的标准，设立单一家族办公室，家族可供管理资产的规模通常需达到至少1亿美元。

2. 联合家族办公室的费用与门槛

按照行业惯例，联合家族办公室的收费水平通常是每年资产总值的1%。其中，有的家族办公室采取业绩分成的浮动收费模式，根据每年的投资回报收取一定的百分比；有的办公室设有固定的基础服务费，在此基础上，客户可根据其家族特性，选取其他个性化增值服务。

而随着家族办公室的形式越来越多样化，可提供的服务领域也在不断扩大，提供高端个性化服务的家族办公室需要根据客户的资产规模、复杂程度、家庭成员人数、所需服务项目等综合因素决定费用，而每家机构和团队又有所差异，其收费没有一个固定的标准。

总体而言，由于联合家族办公室同时管理多个家族的资产，因而人力成本能够得到充分运用，具备一定的规模效应。对于超高净值家族来说，享受联合家族办公室的服务，整体资金门槛达到5000万美元即可。

当然，数字并不是准入门槛的唯一标准，只要家族秉承守护家族财产的愿望，即使雇用少数具有资产管理投资能力的专业人士，在提供核心管理职能的同时，为家族企业寻找合适的对外投资机会也未尝不可。当然，考虑到家族办公室的日常维护和专业人士的聘请费用，如果家族资产的投资回报不能远远超过维护和运营成本，则需要重新评估设立家族办公室的可行性。

■ 创立单一家族办公室必须考虑的主要因素

超高净值家族创立单一家族办公室的原因，不外乎三点：避免利益冲突、便于集中管理和高度的私密性。

其一是避免利益冲突。当前，私人银行作为金融机构的一部分，受制于业绩考核的压力，比较关注短期的收益和增长，这与家族长期保有财富的愿景难免存在冲突。而与私人银行相比，家族办公室由于拥有一个专业团队，凭借自有投资经验与技能，能够扮演家族"守门人"的角色，始终与家族的利益站在一起，在资本市场上作为私人银行、投资银行及对冲基金等机构的交易对手，保护家族的利益。

其二是便于集中管理。在实际生活中，部分超高净值家族出于私密性和分散风险的考虑，常常与多家私人银行进行合作，请其帮助打理不同类型的财富。例如，某超高净值家族经营一家民营企业，由于多年的对公业务关系，其委托国内某大型银行进行人民币现金管理及投资，委托一家美国综合性银行帮助其管理位于美国的资产以及家族企业在美国的收购融资，委托一家香港本土银行帮助其进行股票交易和外币现金管理，除此之外，还委托一家瑞士精品银行帮助其管理保本资金，作为突发情况下的紧急储备。这样一来，一个家族，往往需要与4~5家私人银行打交道，虽然能够通过对比享受到更好的产品和服务，但是一方面消耗、占用了大量的时间和精力；另一方面各个私人银行只能接触到该家族风险的某一侧面，不能实现信息的互通有无，因而不能判断其风险全貌，难以为其设计合理的组合投资方案。因此，单一家族办公室有着对家族资产进行集中管理的优势，能够知晓家族资产的风险与期望收益，帮助其设计合理的投资方案。

其三是高度的私密性。虽然通过与多家私人银行合作也可以实现这个目的，不过受制于监管、人员流动等因素，要想家族的秘密长时间不被泄露是一件非常困难的事情。当超高净值家族通过私人银行进行有利可图的大型交易时，市场上往往会流出相关信息，有时还会附带交易细节。这种信息的泄露无论是对于交易的进行还是声誉的维护，都是不利的。而单一家族办公室通过雇用知根知底的专业化员工，往往能够规避信息泄露的风险。

■ **选择加入联合家族办公室的理由**

对于超高净值家族客户而言,既可以自己创立并管理单一家族办公室而成为内部客户,也可以选择加入其他的联合家族办公室而成为外部客户。对于加入联合家族办公室而言,往往可以享受两种好处:其一为降低参与门槛,其二为实现规模经济。

虽然单一家族办公室有诸多好处,但单一家族办公室毕竟是一个昂贵的工具,成立一个收益能够覆盖成本的单一家族办公室,其管理的资产规模不应低于1亿~5亿美元,约合7亿~30亿元人民币。即使中国的第一代民营企业家已经积累起相当多的财富,但如此量级的资产,对于大部分资产沉淀于企业中的企业家而言,仍然是很高的门槛。抛开资产门槛不谈,设立单一家族办公室本身便是一项巨大而复杂的工程,需要耗费大量的时间和精力,因而大多数超高净值家族往往倾向于通过加入联合家族办公室作为尝试家族办公室服务的起点。

除此之外,超高净值家族选择加入联合家族办公室,往往能够吸引更好的投资经理、家族顾问、法律专家等专业人士加盟。由于不同的家族在不同的领域有着不同的资源积累,因而联合家族办公室也能够据此获得更多的资源支持。

当然,不得不指出的是,凡事皆有利弊,虽然加入联合家族办公室能够获得低进入门槛和实现规模经济,但也会丧失部分隐私,同时也不能享受完全定制化和绝对控制权的好处。

单一家族办公室的架构设计

设立单一家族办公室，除了明确定位以外，还需精心设计股权、法律架构以及治理模式，以保证家族的控制权，做好风险防控，提升家族事务决策的民主性，保持家族成员参与的积极性和凝聚力。

■ 家族办公室的设立地点

作为一个法律实体，家族办公室的设立地点，是诸多超高净值家族所关心的首要法律架构问题。一般而言，家族办公室的设立需要同时考虑家族族长和主要成员的生活地点、主要财产的所在地、政治金融环境的稳定性以及所在地的税务法规。

如果家族主要成员生活在境内，大家往往倾向于将家族办公室设立在境内，然而这可能会限制了家族办公室发挥自身的各种功能。因为，当巨额财富被委托在家族办公室旗下并由其主导投资和自由分配，并辅以信托架构来解决资产的安全保障以及未来的传承问题时，由于我国在信托法律层面仍然有诸多不确定性、外汇管制以及其他的制度性障碍，未来单一家族办公室的运作可能存在不小的障碍。因此，在设立家族办公室时，应该从长远考虑和设计，以决定在何处设立家族办公室对家族最为有利。

■ 家族企业和家族办公室的关系处理

我国信托行业的法律制度尚待完善，目前在国内，家族办公室不能单独发起设立家族信托，因而尚不能有效利用信托架构管理家族财富。而境外的法律允许设立私人信托公司，因此我国超高净值家族常常设置离岸家族办公室来管理庞大的资产。

一般而言，在设立私人信托公司的情况下，家族企业和家族办公室的关系处理可以采取两种模式：合并所有权模式+独立所有权模式。

1. 合并所有权模式

由于家族企业一般普遍早于家族办公室成立，某些家族将家族办公室设置为与家族企业平行的实体，共同置于私人信托公司之下，从而有利于利用家族企业的各类资源。在这种管理架构下，家族办公室、家族企业和其他家族资产都由私人信托公司董事会控制,既可以节省一部分管理费用,也可以集中控制权。一般情况下,家族族长只需要召集其信任的顾问和家族成员共同组建一个私人信托董事会,管理架构便能够搭建完毕。

这种运作模式虽然方便,但是难以为家族资产提供有力的保护。由于家族办公室和家族共同置于一个所有者(即私人信托公司)名下,因而两者往往容易造成"交叉感染"。比如,一旦家族办公室因为违规操作被调查,或者家族企业面临破产或者被第三方诉讼,私人信托公司难免会成为检察机关调查的对象。如此,其他置于私人信托公司名下的资产也有被牵连的风险。

另外,这种模式也限制了家族办公室转型的可能性。今后如果家族办公室希望从单一家族办公室发展为联合家族办公室并从事信托业务,那么家族办公室有可能需要取得相关的信托行业执照,这就需要向监管机构披露实际控制人私人信托公司的情况,因而存在着私密信息外泄的风险。

2. 独立所有权模式

在上文中我们提及了合并所有权模式的诸多风险,为了有效地规避上述风险,较为常见的情形是将单一家族办公室独立出来,使得家族企业与家族私有财产完全隔离开来,避免了二者在突发不利情况时受到彼此的影响。

其中一种做法是,单独创建一套信托体系,可以设立目的信托持有私人信托公司的所有股份,由私人信托公司作为家族信托的受托人,继而持有家族办公室所管理的大笔资产。这种架构较为简便可行,其所有权同样控制在私人信托董事会的手中。

另一种做法是,由某一重要的家族成员对家族办公室享有直接所有权,这种模式简单,但是容易带来非常大的隐患。由于家族办公室的股权属于个人所有,该家族成员难免会将家族办公室名下的财产视为私人所有,进而为所欲为,难以在家族财产的管理和分配上做到公平公正。当所有权人(股东)面临离婚或第三方索赔等重大事件时,这部分财产势必会被推到风口浪尖上;除此之外,在所有权人(股东)死亡后,这部分财产也会面临继承和分割的问题。如果该家族办公室控制着巨额资产,且没有合适的架构进行隔离保护,其资产就会存在风险敞口。

不过,家族办公室的所有权架构并非一成不变的,超高净值家族可以根据自身的实际需求,以及当地的法律、税收等情况,设计家族办公室的架构。当然,为了将来能够适时调整,咨询法律、税务专家从而为家族办公室的架构调整留下一定的空间也是非常必要的。

联合家族办公室的服务模式

并非所有客户都有能力支付如此全能的单一家族办公室的费用。如果采取联合家族办公室服务，则有几种模式可供选择。

■ 精简型服务

精简型服务主要承担家族记账、税务以及行政管理等事务，其中财务工作对接客户的公司CFO及财务部，实质的投资及咨询职能则由外部私人银行、信托公司、基金公司（VC/PE/对冲基金）、家族咨询公司等承担。这种基础服务的价值在于协助客户进行财务及投资整合。

■ 混合型服务

混合型服务则是，自行承担设立高端客户战略性职能而非将战略性职能外包。混合型家族办公室聘用全职员工，根据每个客户的需求偏好及特征，承担客户核心的法律、税务、整体资产配置任务以及进行某些特定资产类别的投资。

■ 全能型服务

全能型服务则覆盖围绕超高净值家族需求展开的大部分职能，以确保实现最大限度的控制、安全和隐私。全部职能都由全职雇员承担，包括投资、风险管理、法律、税务、子女教育、传承规划、艺术品收藏、娱乐旅行、全球物业管理、管家服务等。

同时，在确保投资顶层设计的前提下，风险投资、PE投资、对冲基金、另类资产等部分资产类别的投资则由家族办公室代为咨询比较后外包给其他专业机构。

家族办公室风险管理模式的构建

对于家族办公室而言,风险管理并不仅仅是指控制风险。通过提供高时效性的战略顾问的服务,家族办公室能够在突发不利事件时,快速帮助家族成员做出决策。

首先,建立明确的目标。 对于超高净值家族而言,设立家族办公室时,最为首要的任务便是设立目标,具体而言,应该包括期望收益率、能够承受的风险水平、投资时间窗口(永续经营还是阶段性经营)、流动性需求、税收因素、法律因素以及家族的特殊需求。

其次,建立风险管理的基本原则。 对于不同的资产类别,家族办公室应该根据超高净值家族的目标,建立合适的资产配比和相应的风险阈值,并严格按照规定进行投资操作,定期评判各个风险敞口的大小。如果某个超高净值家族的投资偏向于保守,且希望家族办公室能够永续经营,那么可以配置一些优质公司的股权投资项目或REITs产品,而不是在外汇市场或期货市场进行杠杆交易。

最后,遴选专业人员。 对于投资经理、基金经理的选取,一定要秉承专业、可靠、勤勉、尽责的原则,以全面实现投资和风险管理的专业化。国外招聘家族办公室从业人员的标准,经常依据四点原则(TRIP)。一是Trustworthy,值得信任:超高净值家族客户需要家族办公室帮忙解决的问题往往是其家族最核心和最机密的问题,所以家族需要确保为其服务的人是值得信赖的。二是Respectfulness,尊重他人:这里指的不仅仅是尊重客户,也包括尊重家族办公室团队的成员。三是Integrity,职业道德:家族办公室需要和客户建立长期的信任关系,那么则需要从业人员始终保持高水平的职业道德。四是Professionalism,专业能力:超高净值家族客户的需求往往非常复杂和个性化,这需要有强大的专业能力和素质来寻求解决方案。

规划家族办公室的要点

总体来说,家族办公室战略选择与治理设计显得格外重要。以下是规划家族办公室的四大要点。

■ 制订商业计划

一个超高净值家族在明确家族办公室的需求后,应制订出一份详细的商业计划。这份计划应当包括:选定适合的注册和办公地点、服务内容、对员工的专业要求、办公设施、预计投入资本、运营成本明细、可衡量基准和风险管理模式。

此外,在制订商业计划时,还要考虑一些重要的事情:家族办公室是将作为利润中心,还是成本中心而存在?未来是否打算将家族办公室向其他家族开放,从而发展为多家族办公室?对家族办公室发展方向考虑不同,其创设时的治理架构和人才选择也会有较大区别。

■ 家族办公室的法律设置和治理模式设计

由于家族办公室也是一个企业,选择注册地址,其实就是为家族办公室选择不同的监管政策和环境。不同的注册地址,法律和税务体系不同,将对家族办公室的治理架构和运营表现产生很大的影响,因此需要慎重考虑。

考虑到家族是家族办公室的核心,因此在地点的选择上,有时选择一个税制有利的地区,不如选择一个靠近家族(或至少靠近其核心成员)的地区。尽管如此,在设置家族办公室的过程中,涉及的法律、税务和监管方面的事项,以及家族办公室的运营,都需要仔细斟酌。

虽然治理模式问题似乎在家族办公室创建初期并不显得那么重要,但如果充分考虑中长期的继承、传承等因素,以及兼顾家族更长远的治理架构需求,在家族办公室创建时就充分考虑权力分配和利益均衡,有助于家族办公室的长远和成功运营。

■ 成本预计与利润分配

对于新成立的家族办公室而言，另外一个需要认真考量的要点是成本的估计与利润的分配。在成立之前，应该针对每一个领域做出具体的成本预计，包括行政方面、基本结构、雇员和外包服务等，同时对于家族办公室的投资收益部分，也应该制定合理的激励机制。

■ 信息技术、交易工具和平台

要想建立一个高效的家族办公室，技术、平台以及合适的人才也很关键。应用信息技术实现办公自动化，是家族办公室控制成本和降低风险的不二选择。

家族办公室在运营时还须考虑：托管平台（银行、经纪公司或信托公司）的选择，交易和投资组合管理工具的运用，总账会计和财务软件、税务申报软件以及风险管理工具的使用。

第六部分

建信信托家族办公室业务探索

The practices of family office business for CCB TRUST

建信信托的家族办公室服务，充分利用建信信托在信托、投行方面的专业能力，依托建设银行的资源优势，优选及协同知名律所、会计师事务所等服务机构，通过为超高净值家族客户设计综合解决方案并动态执行的方式，达成家族发展阶段性目标。

建信信托在财富管理领域的发展

■ **睿建领先、承信致远的建信信托**

建信信托有限责任公司（以下简称建信信托）是经中国银监会报请国务院批准，由中国建设银行投资控股的非银行金融机构，2009年8月公司正式重组运营。截至2016年6月末，公司信托资产规模为12792亿元，居行业前列。

建信信托秉承"诚信、审慎、求新、共赢"的核心价值观，融合中国建设银行在品牌、渠道、管理以及项目资源上的强大优势，依托建行集团境内外母子公司的业务联动，市场营销、产品创新能力不断提升；信托、固有两大业务体系协同并进；投融资功能不断完善；内控水平、风控体系显著加强；高素质核心业务团队成长迅速，具备了积极推动理财专业化、投资多元化的不断满足投融资各方金融需求的市场专业能力，在发展传统信托业务的同时，积极抢抓深化国企改革契机，加强与重点央企、地方国企合作，大力拓展私募投行、资产管理和财富管理等转型业务，坚持服务投资者、服务实体经济、服务民生，从而为真正实现"为客户提供优质服务，为股东创造最大价值，为员工搭建广阔平台，为社会承担应尽责任"的现代化金融企业的发展目标奠定了坚实的基础。

■ 建信信托在财富管理领域的发展

建信信托的财富管理业务是指为超高净值家族客户提供全方位的综合服务，以使其资产的长期发展符合家族的期望，并使其资产能够顺利地进行跨代传承和保值增值。服务内容包括财富保值增值、财富传承、资产隔离与分配、教育基金及慈善基金设立和管理等。服务体系包括家族信托和家族办公室业务。

自2014年以来，建信信托财富管理业务实现了跨越式发展。至2016年8月末，公司设立的存量财富信托（含家族信托）规模逾150亿元，形成了保险信托、婚前财产信托、子女教育信托、高风险行业隔离信托等八类业务类型。无论是规模还是业务种类，在行业中均处于领先位置。2015年建信信托率先发布了《中国家族信托白皮书》，受到业界及监管部门的好评。

建信信托财富管理业务一直聚焦于以下几个重点。

一是从战略高度推进财富管理业务发展，不断拓展家族信托、家族办公室合作渠道，着力打造家族财富管理品牌。 建信信托的基本定位是成为超高净值家族客户的"伴随式综合方案提供商"，根据客户、家族成员、家族企业的不同生命阶段，提供以金融解决方案为核心的全面服务。

二是推动财富管理业务持续升级，发挥信托本原功能。 通过提供专业化顾问式定制服务，将家族信托打造成高端客户进行资产配置、财富传承的首选产品，在业内成为财富管理的先行者，逐步实现从"财富管理"向"事务管理"、"资产管理"、"智力输出"和"投行业务"的转型；从"固收产品为主"向"各种资产并重、多元化投资"的转型。

三是进一步汇聚建设银行集团资源，搭建综合化服务平台。 建信信托的目标是成为财富管理的行业标杆，引领行业发展。建信信托的财富管理业务既要汇集建设银行总分行、各子公司的优势资源，又要选择一批国内外顶尖律师事务所、会计师事务所、投行、行业专家，发挥协同效应，形成有效机制，满足客户复杂需求。

四是持之以恒、不断创新。 创新是信托公司发展的动力，建信信托一直致力于保险信托2.0模式，家族信托项下装入股权和房产、慈善信托等业务的持续探索。

建信信托在家族办公室业务方面的探索

■ 业务体系的搭建

经过前期的积累,在客户真实需求的基础上,建信信托开始搭建家族办公室业务体系。经过了近一年时间的需求调研、客户走访、机构访谈,目前初步形成了建信信托开展家族办公室业务的框架。

家族办公室是家族财富管理的最高形态,本质上是对超高净值家族客户完整的资产负债表进行全面管理。建信信托的家族办公室业务是为超高净值家族客户及其家族企业提供投资、保险、法律、税务、慈善、投行等综合服务,以家族资产在20亿元以上的超高净值客户和福布斯排行榜等榜单客户为目标。

建信信托的家族办公室服务,是充分利用建信信托在信托、投行方面的专业能力,依托建设银行的资源优势,优选及协同知名律师事务所、会计师事务所等服务机构,通过为超高净值家族客户设计综合解决方案并动态执行的方式,实现家族发展阶段性目标的服务,着力帮助资产规模在20亿元人民币以上的超高净值家族客户解决家族财富管理与传承、家族事务管理(家族治理)、家族企业持续经营、家族风险管理方面的具体问题。建信信托的家族办公室服务,希望帮助超高净值家族客户通过合理安排与分配家族及家族企业的控制权、管理权、收益权,解决好家族治理与家族企业治理两个层面的治理问题,处理好家族成员、企业股东、企业管理者之间的三重关系,尽力实现家族财富永续传承、家族企业永续经营。

■ 家族办公室特色业务的探索

1. 慈善领域

随着家族办公室业务的深入开展,建信信托了解到各财富排行榜榜单级家族客户参与慈善事业的意愿日益增强和需求增多。很多榜单级客户已发起设立或参与慈善基金会。基于此,自《慈善法》颁布以来,建信信托便开始了在家族慈善领域的业务研究与探索。截至目前,建信信托与北京师范大学公益研究中心、北京慈弘慈善基金会合作开展"家族慈善模式研究和路径选择"课题研究,形成业内首个聚焦企业家人群进入慈善公益领域的专业报告;建信信托与中国妇女发展基金会建立战略合作关系，为家族客户设立以家族命名的专项基金，提供定制化的慈善投放策略、慈善领域选择服务，协助家族打造家族慈善品牌，并根据客户需求进一步提供慈善战略规划、人力资源培训，孵化"家族慈善基金会"；与此同时，建信信托与中国建设银行合作发行"财富管理+部分收益捐赠"模式的集合信托，希望引导超高净值人群在获得稳健收益的同时向社会奉献爱心，并将形成一套慈善组织和公益项目的选取标准，与管理规范、专业高效、品牌过硬的慈善组织形成合作。

建信信托始终坚信，一个成功的企业家同样能够领导好一家非营利机构，而建信信托将慈善服务作为家族办公室的特色服务内容，正是希望利用自身优势有效引导更多的企业家参与慈善事业，引导社会财富真正用于解决、改善社会问题。在家族慈善领域，建信信托的愿景是：帮助成功的企业家将慈善作为家族精神传承的路径之一，在慈善领域发挥企业家的力量来解决系统性的社会问题。

2. 艺术领域

当下，中国艺术品市场经过近20年的快速发展进入了调整期。大量高价艺术品的出现和成交，曾经是艺术品市场蓬勃发展的指标，但是因市场信息不对称、作品真假难辨等原因，艺术品市场参与的壁垒过高，从而受到了投资者的冷遇。艺术品市场的转型已是发展的必然趋势。

与此同时，伴随着经济发展以及由此而来的大众审美水平的提高和人民消费水平的升级，富裕阶层对艺术品消费的愿望和需求不断增加，大力发展艺术品消费，促进艺术品市场转型，是当今中国艺术品市场的实际需求和大势所趋。由艺术品消费开始，培育高端消费群体，进而引发艺术品收藏和艺术品投资需求的新艺术交易形态正在悄然形成。未来五年，艺术品消费、艺术品投资和艺术品收藏或将形成艺术品市场的新格局。

在此背景下，艺术品市场的热点也从资金投入多、专业性强的古代瓷器及书画等艺术品类逐渐向当代艺术和大众艺术转移，特别是中青年艺术家作为当代艺术不可替代的创作主体，逐渐引起了人们的广泛关注。

基于以上认识，建信信托经过深入的研究和价值认同之后，开展了对艺术市场的探索，并于2016年初联合中国青年艺术领导品牌的"青年艺术100"，共同打造"建信信托——艺术品消费信托系列产品"，面向建行高端客户发行。在产品设计方面，通过"财富管理+消费选择权"模式，由建信信托负责对信托资金进行投资管理，"青年艺术100"为客户定期精选优秀的青年艺术才俊及艺术作品。高端客户以信托收益的一部分介入艺术品消费，形成先收益后消费的模式，在保证投资收益的前提下，附加青年艺术作品消费权益以及集艺术的教育、鉴赏、展览、咨询等为一体的全方位的非金融增值服务，从而培养艺术品市场的新消费阶层，提升高端客户的文化品位和社会地位，创造融合新艺术、新文化的当代生活方式。

建信信托与"青年艺术100"的强强联合，得到艺术家的普遍欢迎与支持以及高端客户的积极反馈。截至2016年8月，建信信托共发行6期艺术品消费信托，募集资金9亿元，向超过400名高端客户传递了艺术品消费市场的消费信息和投资机遇，并有多名客户已经通过艺术品消费信托完成了对艺术品的购买。

建信信托艺术品消费信托作为业内首创，借助信托、"青年艺术100"、艺术品消费之间的化学反应，既符合信托公司业务转型的需求，为信托公司创造了新的收入来源，又打破了艺术品市场的壁垒，真正实现了艺术家与消费端目标人群的直接连接，并通过培育高端客户对艺术的热情，进而形成社会大众对艺术价值的共识，为艺术品市场发展营造了良好的环境，产生了深远的影响。

未来在艺术品消费信托的基础上，建信信托将在艺术品领域进行更多的探索，通过与优秀的艺术专业机构长期合作，打造建信信托艺术财富管理平台，并结合家族客户艺术品投资和艺术品收藏的需求，创造家族艺术品投资基金、家族艺术行业股权投资基金、家族艺术品消费计划、家族艺术品传承计划、家族全球艺术资产配置计划和家族艺术慈善计划等复合服务模式，满足家族客户资产配置、家族传承、精神文化等多重业务需求，并将建信信托艺术财富管理塑造成专业权威、业务全面的行业领路人。建信信托家族艺术财富管理将探索以下六种方式。

（1）家族艺术品投资基金

艺术品投资基金是一种长线投资方式，其存续期一般设置为8～10年。家族艺术品投资基金的标的是在世艺术家的作品。投资基金需采用组合投资的方式，一个重要的原则是资金组合中单件的艺术品价格或者同一位艺术家作品的资金使用额度不能超过总资金的40%。投资基金需定期进行信息披露，由独立的第三方对购买的艺术品进行评估。作品采取第三方托管的方式，并以投保的方式来保证作品的安全性。同时，需要有专业的艺术品市场研究团队跟踪艺术品市场和艺术家作品行情的变化，从而实现"低买高卖"。

（2）家族艺术行业股权投资基金

除了家族艺术品投资基金以外，建信信托拟设立家族艺术行业股权投资基金。中国艺术品市场经过30多年的发展，在国家目前大力促进文化创意产业发展的大背景下，艺术行业内涌现了一批画廊、拍卖公司和艺术博览会等优秀的艺术机构，但是通常它们的体量较小，缺少资金支撑，难以实现可持续发展。它们通常也都是轻资产公司，所以从家族资产投资和目前国内艺术企业和机构的发展趋势来看，超高净值家族可以对艺术行业内优秀的企业进行投资。目前这种趋势已经在国内市场上出现。从国内艺术品市场的投资潜力来看，入股优秀的企业也是国内艺术品市场发展的大势所趋。艺术行业股权投资基金未来将是资本市场与艺术结合的新方式。

（3）家族艺术品消费计划

目前，我国已经进入艺术品消费时代。设立家族艺术品消费计划的首要目的第一是服务于家族家居的美化，第二是通过购买艺术品对家族年轻一代进行审美上潜移默化的教育；第三是购买艺术品也是家族间在人际交往上礼物馈赠的现实需求。家族艺术品消费计划适宜选择价格在5万~10万元的艺术家作品。该计划以消费为目的，但在艺术品的选择上兼顾投资或收藏的功能。艺术品的购买通过画廊和专业的艺术机构，并选择第三方专业团队合作。

（4）家族艺术品传承计划

中国有传承传家宝的家族传统。一个家族的传家宝是凝聚家族精神和反映家族文化传统的象征物。建信信托拟设立家族艺术品传承计划。该传承计划传家宝选择的范围是纯艺术品。传家宝的选择，由专业团队提供全程服务。

（5）家族全球艺术资产配置计划

家族艺术资产的配置也需要有国际视野。目前，艺术品市场已进入全球化发展时期。为家族设立全球艺术资产配置计划：第一个原则就是要全球化配置艺术品，同时注重分散化管理；第二个原则是"多元"法则。因为艺术品是具有国际属性的资产，艺术品尤其是艺术精品是全球资产的硬通货，购买国际市场上的艺术品，可以实现多币种、跨洲的资产配置。家族全球艺术资产的配置具有"放大"和"隐匿"双重功能。"放大"指的是可以通过国际艺术资产配置提升家族在世界上的地位和文化影响力；"隐匿"指的是利用艺术品市场的私下交易，实现家族资产的"暗流动"和"暗存储"。

（6）家族艺术慈善计划

建信信托家族艺术慈善计划将设有如下几种方式：青年艺术家成长项目、公共美术教育项目、艺术品捐赠文博机构计划等。主要是将家族财富管理的收益部分作为慈善公益。家族艺术慈善计划可以通过家族参与推进社会美育，提升全民族的文化审美力；同时通过家族艺术慈善计划也可以积极促进国际文化艺术交流，支持中国"文化艺术走出去"，为加强中国的文化软实力提供实际的支持。更核心的目的是可以强化家族的社会参与感，打造家族的社会美誉度，并将家族的"商誉"变为家族在全社会的"美誉"。

总之，艺术财富管理是家族理财的复合指标，体现了"服务+创新"的协同发展。创建以艺术财富管理为特色的家族财富管理，将是建信家族艺术财富管理的独特定位。

建信信托家族办公室客户综合服务案例

■ 客户背景和需求分析

1. 个人情况

（1）核心家庭成员

客户：男，年龄50余岁，从事实业及国际贸易20余年，名下一家制造业公司已经上市，另外有其他诸多投资。2014年再婚，与现任太太感情和睦，正在计划要孩子。双方签署过婚前协议约定了分别财产制。客户有香港身份。2000年左右将公司的运营总部从外地搬迁至北京，部分实业还在山东。

太太：大学教师身份，中国籍，年龄30岁左右；属于初婚。

客户父母：均健在但年事已高，与其他子女在老家共同生活。现在老人的生活及医疗费等开支都由该客户承担。

客户子女：前一段婚姻中有一个女儿与一个儿子。女儿工作2年之后赴英国攻读研究生，儿子读高中。客户与女儿、儿子感情深厚，与照顾儿子生活的前妻也有来往。客户希望女儿研究生毕业后进入自己的公司参与经营，女儿也有意回国接班。儿子能否接班则还具有诸多不确定因素。

现在的妻子未来可能会生育孩子，并且很可能去美国或者香港生育。

（2）重要家族成员

一个哥哥，在客户的公司中担任中层职务。哥哥的女儿，已经结婚；另有儿子，正在上大学。哥哥嫂子承担了直接照顾老人的任务。哥哥一家整体收入不高，侄儿的上学费用都由客户承担，客户过年过节也会补贴哥哥一家。

一个妹妹，在老家县城生活。妹妹有一个儿子，目前在老家生活；夫妻二人均在上班，收入在当地属于中等水平。

哥哥妹妹两家人在过去都得到过客户的定期经济资助，并且有一定的预期能继续获得该资助。

2. 客户当前资产构成

（1）股权资产：客户拥有一家创业板公司的股权，作为大股东持股超过50%；另拥有一家制造业公司，未上市，作为大股东持股比例接近80%；另担任多个有限合伙企业的有限合伙人。

（2）房地产：客户在北京有一套别墅，占地面积超过500平方米，当前价值约4500万元；拥有高档公寓两套，在其个人名下；在老家有用祖宅改建的别墅一套；其他房产不详。

（3）个人名下少量现金：拥有1000万~2000万元，待股权解禁后，客户会进行部分变现。

3. 客户的困惑与需求分析

（1）传承类

如果客户将家族资产中的家族企业传承给子女，如何综合考虑子女的年龄、接班意愿等进行规划？

如果发生意外身故、失踪等小概率事件，如何确保家族企业的安稳过渡？

如何解决由于家族企业诸多继承人而形成的股权分散的局面？

如何解决第一段婚姻所生子女与第二段婚姻未来所出生子女之间可能存在的冲突？

（2）保障类

首先，希望对现任配偶进行合理安排，从而保障其将来的体面生活与财务安全。

其次，对于未来出生的孩子，因与自己的年龄差距很大，需要提前对其未来的生活做出合理的安排。

最后，对于父母及兄妹，客户希望能够长期给予他们养老的保障。对于其他的家族成员，可以通过产品制度给予一定激励性质的资助。

（3）投资类

客户对于上市公司减持后可能获得的巨额资金，及从现在实业中获得的利润，希望有合适的投资渠道和资产配置方向。

过去在朋友的推荐下，客户多次担任其他合伙企业LP，累计投资超过4000万元，但是在投资方面缺乏一个系统性的规划。

■ 拟定的家族办公室服务方案

1. 家族信托

建议客户设立一份他益的家族信托，并且实现资金信托模式。对配偶及第二次婚姻所生育的孩子的利益保障，主要通过家族信托实现。

同时，通过制定个性化条款，充分利用激励条款，提高侄子、外甥辈的受教育程度。

2. 遗嘱

建议客户的房产、股权等资产通过遗嘱的方式来传承。遗嘱的优势在于：在遗嘱生效之前，所有财产仍然在客户的控制之下。

同时考虑到未来可能征收的遗产税，提醒客户可以在恰当的时间点将部分资产提前分配给子女。

3. 投资服务

为客户提供三方面的投资服务。

（1）为客户提供综合性的规划；

（2）为客户的闲置资金及未来减持获得的资金选择新的投资项目；

（3）为客户已经投资的产业提供宏观和行业信息。

■ **案例中家族办公室服务的意义**

在本案例中，客户的核心需求是"安全"，并且是多维度的安全。

首先是投资的安全性。当资产规模超过客户及其家庭成员的管理能力与管理半径时，客户希望能够委托专业的机构作为投资顾问代为管理，从而尽可能避免投资失败导致的损失。

其次是避免家庭"内乱"形成的家族资产流失与内耗。随着年龄逐渐变大，客户对家族成员的控制力与影响力会逐渐减弱，特别是前后两段婚姻形成了两个相对独立的"团体"，必须做好资产方面的隔离，避免内耗影响家庭资产的稳定性。

为什么选择家族办公室而不是职业经理人？

首先，家族办公室作为机构具备的综合能力，远远超过职业经理人个人的能力。

其次，家族办公室通过其合作伙伴，能为客户寻找到最为合适的传承规划方面（非投资顾问）的专业人士，协助客户处理信托、遗嘱等事项。

最后，家族办公室的定位，是为客户的资产做一个全面、中长期的规划；而聘请职业经理人的核心目的，是协助管理特定的企业。前者是宏观规划，后者是具体经办。

在一定意义上，家族聘用家族办公室，是聘用职业经理人的一个升级版。职业经理人的工作范围是管理好一个特定的企业或者企业部门；而家族办公室的工作范围，是综合考虑客户家族的成员与资产，确保资产的增值保值和家庭成员的利益平衡与保障。

第七部分

中国家族办公室未来发展展望

The prospects for future development of China's family offices

在充分吸收欧美及境外华人家族办公室经验的基础上，结合中国的实际情况进行本土化改造，是中国家族办公室发展的必由之路。

随着我国高净值人群资产的快速增长，越来越多的超高净值家族开始重视财富的管理和传承，家族办公室在财产传承领域的优势和作用必将愈发凸显，将深刻地变革人们的财富观。未来十年，中国的家族办公室有望进入快速发展阶段。

家族办公室在中国市场的需求空间

■ 中国超高净值家族需要管理或传承的财富规模

毫无疑问，随着中国经济的持续发展以及家族代际交接高峰的到来，未来超高净值家族对家族办公室服务的需求将是十分可观的。

首先，中国目前的私人可投资资产总额规模巨大。2015年，福布斯中文版第三次联合宜信财富推出关于中国大众富裕阶层的研究报告。根据该报告，2014年底中国私人可投资资产总额（包括个人持有的现金、存款、股票、基金、债券、保险及其他金融性理财产品，以及个人持有的投资性房产等）约为106.2万亿元，年增长12.85%，主要由股票、基金、债券等金融性资产增长所带动。其中，存款及现金为54.8万亿元，占比为51.55%；投资性房产为15.6万亿元，占比为14.68%；其他金融资产为35.9万亿元，占比为33.77%。

其次，中国的高净值人群的数量也呈现高速增长的态势。2014年，中国可投资资产超过1000万元人民币的高净值人群已经超过100万人（见表7-1），其中可投资资产超过1亿元人民币的超高净值人群已经超过7万人。

表7-1 中国私人可投资资产总额情况

	私人可投资资产总额	
	2014年	2015年
福布斯、宜信财富：《中国大众富裕阶层白皮书》	106.2万亿元	114.5万亿元
招行和贝恩：《2015中国私人财富报告》	112万亿元	129万亿元
	高净值人群（可投资资产≥1000万元）	
	2014年	2015年
私人可投资资产	32万亿元	37万亿元
高净值人群数量	≥100万人	126万人

资料来源：建信信托研究部。

■ 未来十年中国家族办公室服务的市场容量

在财富迅速增长的同时，中国超高净值家族的财富管理观念也在发生着变化，财富安全保障与财富传承成为超高净值家族的重要目标。建信信托委托国际金融标准理财委员会（中国）撰写的《中国家族办公室服务需求和认知调研报告（2016）》，也印证了这一观点。

中国超高净值家族需要管理或传承的财富规模是十分巨大的。若将家族办公室客户定位在可投资资产1亿元以上的超高净值人群，则我们估计，我国家族办公室业务市场规模有7万人，总资产约7万亿元。即使按最保守的估计，家族办公室的市场规模至少也是万亿级的。

更重要的是，这个市场还在快速成长。中国已成为全球超级财富的创造中心，随着财富的迅速增长、超高净值家族数量的增多，以及超高净值家族对财富管理和传承的重视，中国的超高净值家族对复杂、精细的财富管理专业服务的需求日益增多。尤其是伴随着与财富管理配套的法制建设和诚信体系的日趋完善，如何有效管理自己的财富，在保值增值的同时完成财富的传承必将成为国内超高净值人群关注的焦点，家族办公室行业也将迎来巨大的发展契机。

从实践来看，目前有三种力量驱动我国超高净值家族设立家族办公室。第一，家族财富与企业资本的分离，通常是通过家族资产证券化（如IPO）来实现的；第二，家族财富传承，大多数家族继承人难以像创始人一样掌控企业的每一个细节，较大程度上依赖股权控制；第三，如果家族企业出售，家族将获得巨大的流动性资产，迫切需要对突然获得的财富进行管理。

结合欧美家族办公室的发展规律，我们预测我国未来10~20年，这一领域孕育着5万亿~10万亿元的市场规模，能够承载1000家至1500家"家族办公室"的发展。

我国家族办公室服务发展面临的挑战

随着对财富管理的需求与日俱增,越来越多的中国家族开始设立家族办公室,申请牌照,聘请优秀的专业人士,中国的家族办公室正在以前所未有的速度发展。但从目前国内的现状来看,其仍存在诸多挑战和障碍。

■ 家族办公室发展的政策环境和法律体系有待完善

从法律环境来说,中国的法律体系正在完善中,法律与相应的监管环境存在不确定性。国内财产登记制度、遗产税、交易税等法律法规方面的不完善或缺失,也影响着家族办公室的重要工具——家族信托在中国的发展。这对于家族办公室业务的开展构成了不确定性。

同时,国内的家族办公室所涉及的业务范围也受到法律的限制。目前国内金融机构推出的家族信托只能覆盖金融资产这一部分。此外,由于社会道德风险未能有效规制和缓释,信用违约事件的惩罚机制还远没有完善,信托义务观念还没有深入人心,职业操守还有待强化。因此,要让高净值人群将打拼多年的巨额财富交给外部人士去长期打理,在当前的法制条件和社会习惯下确实存在观念顾虑和现实担忧。

■ 超高净值家族缺乏财富传承规划观念

国内超高净值家族的形成及其创造财富的时间并不长,对从创造财富到守护财富的历史必然性和差异性还没有全面而深刻的认识。与欧美家族财富经过百年以上以及数代人的积累和传承的情况不同,国内改革开放也不过30多年,我国超高净值家族财富的积累是在短暂的数十年内迅速完成,而且轰轰烈烈的财富创造过程还在继续,其对于财富积累的态度还远没有形成理性的认知,对于财富传承规划也还没有形成习惯,对于家族办公室在家族基业传承和财富规划中的核心价值和起到的作用也没有深刻的感性或理性认识。

同时,财富传承的专业化管理在我国还缺少文化社会传统。西方深厚的财富管理文化传统很自然地使西方人认为,财富创造和财富管理是两件完全不同的事情,在创造财富的同时聘请专业人士管理自己的财富是再自然不过的事情。而与之不同的是,中国自古的财富观就是将创造财富和管理财富混为一谈，私有财产个人管控的意识根深蒂固，封建社会的农耕观念是"财不外漏""子承父业"。由亲缘关系以外的人管理及传承财产一时很难被接受。这在一定程度上给缺少信托传统和义务的中国社会，带来财富管理行业发展的天然的信任障碍。

■ 超高净值家族产权界定不清晰加大了展业的难度

尽管我国的超高净值家族面临家族财富传承的压力，存在建立家族办公室的动机，但家族成员之间的产权界定难，公司资产与个人资产的清晰界定难，使得其对设立家族办公室仍然存在一定的顾虑。

一般来说，第三方的家族办公室与超高净值家族的权利义务关系是十分明确的。但是，产权相对模糊在我国家族企业成长中几乎是普遍存在的现象，很少有企业在创立之初就对家族成员之间的产权进行了清晰的界定。那么，由超高净值家族自己设立的办公室，在顶层设计时难免会受到家族内部成员亲属关系（甚至家族内部斗争）的影响，使得家族办公室的顶层设计更为复杂和困难，甚至可能导致顶层制度设计对某些家族成员有所倾斜，从而使家族办公室的最终目标不能完全实现甚至被扭曲。

另外，国内家族企业的创始人及其家人习惯上持有公司大部分的股份，这通常使他们把公司资产与家庭资产混同起来。这样的现象在许多企业中普遍存在。家族办公室的创设过程跟中医的"望、闻、问、切"很像，在设计架构时，整个家族的公司资产和个人资产，都要清晰掌握。因此首先需要一个顶层设计，再做细节安排。然而，中国传统文化对财富"宜藏不宜露"的态度，令超高净值家族往往对保密有着极高的要求，不愿意向他人，哪怕是家庭成员全面披露财富数据，这对家族办公室设计解决方案构成很大的障碍。

■ 我国家族办公室的市场经验和人才还处于累积阶段

我国家族办公室较西方发达国家发展晚，高级专业人才稀缺、传承经验少，市场经验和人才还处于累积阶段。由于家族办公室处理的都是复杂且长期的事务，家族财富配置要求"长期、多元、专业"，涉及金融、法律、风险管理等各个领域，因而即使超高净值家族拥有了自己的家族办公室，也需要专业人士的长期协助，更需要第三方专业团队的监督和管理。同时，国外较成熟的发展模式在国内不一定适用，即使借鉴和推广也需要时间去调整、改善和适应。这些问题，既是国内家族办公室发展面临的障碍，也是超高净值家族自己设立家族办公室的顾虑。

中国家族办公室未来发展展望

■ 中国家族办公室服务的发展重点

预计未来10～20年，中国将迎来历史上规模最大的一次家族企业接班浪潮。面对当今国内竞争极其激烈的商业环境，以及日益复杂的财富生态系统，我国家族企业都需要应对挑战，包括继承、治理、对于商业战略的代际分歧、树立家族职业精神、传承家族文化和价值观等。我国的家族办公室需从家族需求出发，高效整合和利用金融、家族、人力和社会资源，从全局和长远角度为家族事务提供解决方案。

一是提供家族企业治理的解决方案。家族企业是家族财富累积的最重要平台，也是家族安身立命的原点，所以，家族企业的健康稳定持续发展对家族来说至关重要。在家族企业中，家族成员作为企业创始者，拥有绝对多数的企业股权，形成了家族所有权与企业经营权两大系统高度重合，企业内部治理机制的核心也演变成以亲缘为纽带的家族成员之间的权力分配与制衡，使得整个企业治理带有浓厚的亲缘色彩。家族企业要想持续健康稳定地发展，建立规范的现代公司治理体系是必然趋势。家族办公室作为企业股权治理的专业团队，可以通过对公司股权结构进行重构，引入控股性质的家族信托机制，实现公司所有权和经营权的分离，将家族股权转变成为家族信托受益权，保证企业创造的财富依然可以流转至整个家族。同时，对于企业经营权通过引入职业经理人的方式来掌管，职业经理人可以按照现代企业管理方法，根据企业现状，量身设计科学的企业经营管理层的责权，建立起适应市场的企业经营决策体系，利用专业能力和职业经验管理企业，从而降低企业重大决策失误的可能性。同时，可以利用信托持股机制来实施员工股权激励安排，将所有员工的利益与公司利益紧密地联系在一起，构筑利益共同体，充分发挥管理层和普通员工的工作积极性和创造性，实现公司人员稳定和高效运转。

二是提供外部股权投资服务。企业家二代继承父辈企业，不仅仅是通过离岸信托或人事任命等方式获得家族企业股权或管理决策权,有时还需无条件传承父辈既定的企业发展战略,这往往给他们带来很多困惑和压力。在交接过程中,家族成员的利益纠纷,创业元老的盘根错节以及一代、二代间经营理念的冲突对立,常常使得经验不足的年轻二代疲于应对。

同时,由于国内经济环境变化,原料、劳动力成本上升等因素造成了我国家族财富传承与家族企业转型同时进行的状况,也使得二代的继承之路更加艰难;此外由一代数十年来建立的人脉资源,在新的时代环境之下更难以悉数交接给下一代。企业的代际传承通常也意味着接班人进入二次创业的过程,甚至在某些程度上,家族企业的传承要比初创企业更为复杂。尤其是年轻一代接受互联网思维的熏陶,有着与父辈截然不同的企业发展战略规划,他们希望通过创业践行自己的想法。而这又引发了新问题——一旦两代人没有将两者关系处理好,往往引发企业传承过程的动荡。

目前在我国的家族企业中,一部分二代选择转型发展,而且在不影响原有基业或在降低传统产业比例的前提下,二代更乐于涉足类金融、现代服务等高附加值产业,包括尝试开展产业投资、股权投资在内,利用资本为家族创造更多的价值,为家族企业带来新动力。企业家二代进行金融资本投资有几种常见方式。一些二代放弃父辈从事的原有产业,将资金转投金融市场,在新的领域实现家族财富的传承。另有一些二代成立了独立的投资机构,隔离投资公司和家族企业间的产权、资金等联系,选择在介入家族企业前通过资本市场历练自己。还有一些二代选择在接管家族企业的同时,成立投资公司作为子公司进行资本运作。我国家族办公室完全可以利用各种金融工具帮助企业家二代开展产业投资、股权投资,从而促进中国家族企业的转型。

三是提供家族传承信托服务。家族信托是对家族财富进行长期规划和风险隔离的有效工具,尤其可以为家族实现有效、平稳和便捷的家族股权转移、管理和财产的跨代传承提供可靠的平台。同时,家族信托也是解决经营风险、子女过度消费和婚姻变动等问题的最有效方式。《中国银监会办公厅关于信托公司风险监管的指导意见》中也指出:"探索家族财富管理,为客户量身定制资产管理方案",可见,运用信托机制管理家族财产已经获得监管层的高度认可。伴随着大资管时代的来临,以及人们财富增加和财富传承意识的提高,我国的家族办公室将更多地聚焦于提供财产的代际传承服务,运用遗嘱信托、子女信托等形式隔离风险,实现财富的定向传递;同时,提供公益信托服务,帮助超高净值家族履行社会责任、回馈社会,实现家族精神或者家族文化的传承。

中国家族办公室服务的发展趋势

一是专业化。 由于家族财富不断增长,家族财富管理服务快速发展,因而将诞生更多的家族办公室。这有助于家族办公室较以前更早地实现"专业化",不同家族办公室的业务定位运营模式与服务重点将呈现差异性。

二是外包化。 家族办公室将经历一些根本性的转变和发展。围绕家族办公室将发展出一项支持性的产业。这使得一些规模较大的家族办公室可以将此前的内部职能外包出去。

三是慈善与家族投资整合一体化。 家族财富的代际控制转移改变了家族办公室的关注点及结构,比以前更高比例的年轻家族成员倾向于更早专注从事慈善事业,从而将慈善整合到家族的投资活动中。

家族办公室的中国化

本土家族办公室服务领航者面临更多挑战

对于国内金融机构而言,家族办公室是全新的领域,想要摘得家族办公室这颗财富管理皇冠上的明珠,并不是一项轻松的工作。本土家族办公室服务领航者至少还将面临三项挑战。

一是战略规划。 家族办公室的客户是金融机构最高端优质的客户。金融机构的家族办公室决策是一个战略决策,必须针对本机构的资源禀赋进行认真的战略设计,如果未做系统设计就仓促推出家族办公室,尽管一时貌似光鲜亮丽,但最终可能失去客户的信任,进而导致业务失败。

二是资源整合。 综合性金融机构如果计划建立家族办公室,必须有效地协同内部的诸多资源。而在实际运作中,对客户来说最有价值的资源往往散落在金融机构不同的强势部门中。在既有格局下需要打破部门利益的藩篱(如银行机构对于同一个客户,信贷部门或投行部门与私人银行部门之间的诉求往往是不同的,甚至是冲突的),能否实现对客户服务的无缝对接是一个巨大挑战。

三是人才战略。 人才永远是金融机构最核心的资产,而作为服务顶级财富家族的家族办公室而言,其成败更取决于机构是否能够聘请及留住与之匹配的顶级金融法律等专业人才。家族办公室在国内金融机构中的战略地位、资源配置、薪酬水平和企业文化对世界级人才的吸引力，都是开展家族办公室业务关键的成功因素。

■ 中国家族办公室发展的必由之路——本土化

对于家族办公室这个全新领域，要想成为中国本土的服务领航者，必须在充分吸收欧美及境外华人家族办公室运营经验的同时，结合中国的实际情况进行本土化改造。这是中国家族办公室发展的必由之路。

1. 坚守本原，防止异化

行业从业者需要对"家族办公室"的本质有清楚的认识，防止跑偏。家族财富的传承，除了大家所熟知的金融资本外，还包括人力资本、社会资本、文化资本的传承。针对后者家族办公室能够提供怎样的服务，也是评价家族办公室管理水平的重要因素。因此，为家族提供的最好服务，并不仅仅是简单地将有形资产传递到下一代，而且还要将企业家精神、幸福、健康、名望、传统、社会责任这样的无形财产传承下去。家族办公室必须做到一切以家族利益为上。基于家族永续经营的立场，守护家族的长远利益，防止异化为单纯的金融产品的销售通道。

2. 眼光放远，信任制胜

家族办公室的发展需要磨合，因为了解一个家族，了解家族成员的需要，与之建立深度信任关系都需要时间。开展家族办公室服务，最大的难点是信任。方案落地的前提是信任。只有存在信任的基础，才能够建立一个高效、精干的家族办公室，以提供全方位的服务。

3. 专业能力，职业精神

尽管国内财富家族对家族办公室服务有着迫切的需求，但真正具备专业能力、全球资产配置能力、职业道德等基本要素的家族办公室还非常少。对于我国家族办公室来说，应该全面从客户角度去思考，形成自己的核心竞争力，培养具有高度职业精神的专业人才。利用家族办公室高效的资源获取和平台整合优势，通过与信托、证券、保险、基金、银行、教育、移民、税务、法律、会计等领域的专业人才的精诚合作，为客户真正创造价值，实现家族财富保值增值、财富代际转移、家族企业基业长青。

家族办公室作为财富管理皇冠上的明珠，必将成为国内超高净值家族实现家族财富传承、家族企业基业长青的首选。家族办公室业务也必将成为金融机构发展转型的重要推动力！

参考文献

1. Brent Beardsley, Jorge Becerra etc., Global Wealth 2015: Winning the Growth Game［R］. 波士顿咨询，2015.

2. 2014中国大众富裕阶层财富白皮书［R］. 福布斯中文版, 宜信财富，2014.

3. 2015中国大众富裕阶层财富白皮书［R］. 福布斯中文版, 宜信财富，2015.

4. 艾伯华·迪尔格等. 家族办公室白皮书——家族办公室动态：家族成功与财富管理之道，第一部分：结构考虑因素［R］. 瑞士信贷集团，2014.

5. 艾伯华·迪尔格等. 家族办公室白皮书——家族办公室动态：家族成功与财富管理之道，第二部分：流程考虑因素［R］. 瑞士信贷集团，2014.

6. 窦应泰. 邵逸夫家族传［M］. 华夏出版社，2008.

7. 厄内多斯·波萨. 家族治理白皮书——家族治理：重要家族如何管理财富的挑战［R］. 瑞士信贷集团，2014.

8. 弗格森. 罗斯柴尔德家族［M］. 中信出版社，2012.

9. 高皓,刘中兴,叶嘉伟. MSD Capital家族办公室如何发力戴尔私有化［J］. 新财富，2013(10):96-105.

10. 高皓, 刘中兴, 叶嘉伟. 重权在握的三星集团秘书室:内置式家族办公室典范［J］. 新财富，2014(2):110-116.

11. 高皓, 刘中兴, 叶嘉伟. 匡特家族:宝马控股家族的MFO之路［J］. 新财富，2015(7):110-125.

12. 韩良. 家族信托法理与案例精析［M］. 中国法制出版社，2015.

| 13 | 洪夏祥, 李浩栽. 三星总裁李健熙 [M]. 华夏出版社, 2004.
| 14 | 蒋松丞. 家族办公室与财富管理 [M]. 广东人民出版社, 2014.
| 15 | 姜亚丽, 文逸. 三星: 第一主义 [M]. 中信出版社, 2004.
| 16 | 金成洪等. 三星欲火重生: 李健熙改革十年 [M]. 中信出版社, 2005.
| 17 | 刘会军. 揭秘"比尔·盖茨"基金 [J]. 新财经, 2005.
| 18 | 罗恩·切尔诺. 洛克菲勒——罪恶与圣洁 [M]. 国际文化出版社, 2007.
| 19 | 戴维·洛克菲勒. 曹彦博译. 洛克菲勒回忆录:历史上唯一的洛克菲勒家族自传 [M]. 中信出版社, 2004.
| 20 | 露西·沃里克. 比尔盖茨的财富管家 [N]. 金融时报, 2015.10.28.
| 21 | 马秋莎. 改变中国:洛克菲勒基金会在华百年 [M]. 广西师范大学出版社, 2013.
| 22 | 邱峰. 家族财富传承最佳之选——家族信托模式研究 [J]. 国际金融, 2015(2):63-69.
| 23 | 山崎胜彦. 创业之神——三星创始人李秉喆传 [M]. 中国电力出版社, 2014.
| 24 | 王翔, 杨飐. 梅隆家族父子王国的往事(上) [J]. 新财富, 2013(3):93-97.
| 25 | 王翔, 杨飐. 洛克菲勒家族(上)"六代帝国"的财富秘密 [J]. 新财富, 2012(9):98-105.
| 26 | 王延明. 家族信托:打破"富不过三代"的魔咒 [J]. 中国外汇, 2013(20):65-67.
| 27 | 谢玲丽. 中国家族办公室 [M]. 广东人民出版社, 2013.
| 28 | 谢玲丽, 张钧, 廖丹. 中国家族办公室:家族企业保护、管理与传承 [M]. 广东人民出版社, 2013.
| 29 | 英大国际信托有限责任公司课题组. 家族信托——财富传承的奥秘 [M]. 经理管理出版社, 2015.
| 30 | 詹幼鹏. 邵逸夫全传 [M]. 天津人民出版社, 2014.

后 记

《中国家族办公室研究报告》由建信信托"中国家族办公室"课题组编撰完成，力求为各大金融机构、超高净值人士以及相关研究人员把握我国家族财富管理产业的发展脉络、了解海外家族办公室前沿趋势提供参考。

参加本课题研究、数据调研以及文稿撰写的人员主要有建信信托研究部的吕致文、刘春长、刘宏程、唐健、方烨、高翔、易乔、高影、冷春鹏、王博，建信信托市场营销中心的王涛、王汝成、尹璐、于淼、魏树谦、张芸、方兰、赵萌萌、马乾皓等。建信信托研究部的实习生赵奕程、王艺丹、张烨、陈登坤、夏婧等也参与了部分编写工作。

在研究和编写过程中，本书得到了建信信托公司管理层以及信托综合管理部、审批业务管理部、法律合规部、创新业务中心等相关部门负责人的大力支持和指导。王业强等公司领导以及周志寰、卫晓东、王天然等相关部门领导在历次书稿讨论会上提出了很多真知灼见，在此表示感谢。同时，国际金融理财标准委员会（中国）、汉坤律师事务所、毕马威咨询公司等建信信托的合作伙伴在本报告的编写过程中，也提供了不少帮助。此外，本书在写作过程中，参考了财富管理研究同行的不少研究成果，在此也一并表示诚挚的感谢。

本书虽然是研究人员和业内专家不懈努力和严谨思考的成果，但由于能力和水平以及数据资料有限，疏漏和不足之处在所难免，敬请广大读者和专家批评指正。同时，希望本书的出版，能为促进我国家族办公室服务产业的健康发展提供有力的支撑。

图书在版编目(CIP)数据

中国家族办公室研究报告/建信信托"中国家族办公室"课题组著. -- 北京：社会科学文献出版社，2016.12
　　ISBN 978-7-5097-9929-1

　　Ⅰ.①中… Ⅱ.①建… Ⅲ.①家庭企业-企业管理-研究报告-中国　Ⅳ.①F279.245

　　中国版本图书馆CIP数据核字（2016）第254373号

中国家族办公室研究报告

著　　者 / 建信信托"中国家族办公室"课题组

出 版 人 / 谢寿光
项目统筹 / 恽　薇　陈凤玲
责任编辑 / 陈凤玲

出　　版 / 社会科学文献出版社·经济与管理出版分社（010）59367226
　　　　　　地址：北京市北三环中路甲29号院华龙大厦　邮编：100029
　　　　　　网址：www.ssap.com.cn

发　　行 / 市场营销中心（010）59367081　59367018
印　　装 / 北京盛通印刷股份有限公司

规　　格 / 开　本：889mm×1194mm　1/16
　　　　　　印　张：11.25　字　数：211千字
版　　次 / 2016年12月第1版　2016年12月第1次印刷
书　　号 / ISBN 978-7-5097-9929-1
定　　价 / 258.00元

本书如有印装质量问题，请与读者服务中心（010-59367028）联系

▲ 版权所有 翻印必究